일제침탈사
바로알기 28

내선일체 표방과 황민화 정책

· 김봉식 지음 ·

발간사

　일본이 한국을 침탈한 지 100년이 지나고 한국이 일본의 지배로부터 벗어난 지 70년이 넘었건만, 식민 지배에 대한 청산은 이루어지지 못하고 있습니다. 일본의 독도영유권 주장은 도를 넘어섰습니다. 일본은 일본군'위안부', 강제동원 등 인적 수탈의 강제성도 인정하지 않고 있습니다. 일본군'위안부'와 강제동원의 피해를 해결하는 방안을 놓고 한·일 간의 갈등은 최고조에 이르고 있습니다. 역사문제를 벗어나 무역분쟁, 안보위기 등 현실문제가 위기 국면을 맞고 있습니다.

　한·일 간의 갈등은 식민 지배의 역사를 어떻게 볼 것인가 하는 역사 인식에서 기인합니다. 역사는 현재와 과거의 대화이며 이를 기반으로 미래로 나아갈 수 있습니다. 과거 침략의 역사를 미화하면서 평화로운 미래를 말하는 것은 불가능합니다. 식민 지배와 전쟁 발발의 책임을 인정하지 않고 반성하지 않으면 다시 군국주의가 부활할 수 있고 전쟁이 일어날 위험성도 배제할 수 없습니다. 미래지향적 한일관계를 형성하고 나아가 동아시아의 평화와 번영의 기틀을 조성하기 위해 일본은 식민 지배의 책임을 인정하고 그 청산을 위해 노력해야 할 것입니다.

　식민 지배의 역사를 청산하기 위해서는 식민 지배는 어떻게 이루어졌는지 그 실상을 명확하게 규명하는 일이 긴요합니다. 그동안 일본제국주의에 맞서 조국의 독립을 위해 헌신한 독립운동가들의 활동을 찾아내고 역사적으로 평가하는 일에는 상당한 성과를 거두었습니다.

반면 일제 식민침탈의 구체적인 실상을 규명하는 일에는 충분한 노력을 기울이지 못했습니다. 제국주의가 식민지를 침탈했다는 것은 너무나 당연한 사실로 여겨졌기 때문에, 굳이 식민 지배에서 비롯된 수탈과 억압, 인권유린을 낱낱이 확인할 필요가 없었는지도 모릅니다. 그러는 사이 일본은 식민 지배가 오히려 한국에 은혜를 베푼 것이라고 미화하고, 참혹한 인권유린을 부인하는 역사부정의 인식을 보이는 데까지 이르고 있습니다. 일제의 통치와 침탈, 그리고 그 피해를 종합적으로 조사하고 편찬할 필요성이 여기에 있습니다.

일제침탈사를 체계적으로 정리하는 일은 개인이 감당하기 어렵습니다. 이에 우리 재단은 한국 학계의 힘을 모아 일제침탈사 편찬위원회를 꾸렸습니다. 편찬위원회가 중심이 되어 일제의 식민지 침탈사를 정치·경제·사회·문화 모든 방면에 걸쳐 체계적으로 집대성하기로 했습니다. 일제 식민침탈의 실체를 파악하기 위해 2020년부터 세 가지 방면으로 사업을 추진하고 있습니다. 하나는 일제침탈의 실상을 구체적이고 생생한 자료를 통해서 제공하는 일로서 〈일제침탈사 자료총서〉로 편찬합니다. 다른 하나는 이들 자료들을 바탕으로 연구한 결과물을 〈일제침탈사 연구총서〉로 간행합니다. 그리고 연구의 결과를 대중들이 이해하기 쉽게 〈일제침탈사 교양총서〉를 '바로알기' 시리즈로 간행합니다. '바로알기' 시리즈는 우리 중학교, 고등학교 학생들도 어렵지 않게 읽을 수 있도록 제작

했습니다. 오랫동안 학계에서 공부해 온 전문가 선생님들이 일제 침탈과 관련된 다양한 주제를 집필해 주셨습니다. 이해하기 쉽도록 해당 주제를 사안별로 나눠 집필해서 가독성을 높였고, 사진과 도표로 충분히 곁들였습니다. '바로알기' 시리즈를 통해 많은 시민과 학생들이 제국주의 일본의 한반도 침탈과 그로 인한 피해 실상을 바로 알 수 있게 되기를 바랍니다.

2024년
동북아역사재단 이사장

차례

발간사 • 2
들어가며 • 6

Ⅰ. 전시기 식민지 통치 이념
    1. 미나미 총독과 내선일체 • 10
    2. 내선일체의 허구성 • 15

Ⅱ. 황민화의 일상화
    1. 황국신민서사 • 22
    2. 황민화 정책의 실천조직 • 27
    3. 신사참배의 강제 • 36

Ⅲ. 일본어 사용의 일상화
    1. 중일전쟁기 일본어 상용정책 • 44
    2. 태평양전쟁기 일본어 상용정책 • 53
    3. 조선어 말살정책 • 60

Ⅳ. 일본식 이름의 일상화
    1. 창씨개명 제도 • 68
    2. 창씨개명의 추진 • 77

나오며 • 83

참고문헌 • 86
찾아보기 • 87

들어가며

　내선일체(內鮮一體)는 미나미 지로(南次郎) 총독에 의해 표방되고 황민화(皇民化)정책을 통해 추진된 식민지 조선에 대한 일제의 기본 통치 방침이었다.

　서구 제국주의가 동아시아로 향하던 시기, 조선과 일본은 중국의 중화 질서하에 공존하고 있었다. 즉 조선과 도쿠카와 막부(德川幕府)는 교린체제(交鄰體制)로 상호 대등한 관계를 견지하고 있었다. 그러나 조선보다 앞서 개항한 일본이 제국주의로 치달으면서 조선을 불법으로 병합하였다. 일본이 가진 역량으로는 쉽게 통제할 수 없는 조선을 지배하기 위해 그들은 무단통치, 문화통치라는 폭력과 회유를 수단으로 사용하였다. 그리고 미나미 총독 시기에 이르러 내선일체를 내세웠다. 내선일체는 조선과 일본이 '하나 또는 평등하다'라는 기만적인 선전 선동 문구로 충만한 식민지 통치 이념이었다. 그 내실은 식민지 지배를 위한 일제의 자구책에 불과하였으며, 그 본질은 조선의 유구한 역사와 정체성을 부정한 민족말살정책이었다.

　이 책에서는 미나미 총독 부임 이후 조선인의 황국신민화를 목적으로 추진된 황민화 정책의 구조와 그 실상을 살펴본다. 먼저 내선일체의 허구성을 확인하고 황민화 정책인 신사참배 문제, 조선어 말살정책, 창씨개명을 중심으로 살펴본다. 이러한 정책들은 각각 독립적인 것이 아니라 상호 유기적으로 관련성을 갖고 일제에 의해 추진되었다.

황민화 정책은 천황이 일본과 더불어 조선에도 시혜를 베풀었다고 하는 기만적인 정책으로 내선일체는 그들 일본의 식민지 지배 책임을 부정하는 논리이기도 하다. 이 책을 통해 일제의 황민화 정책의 허구성과 본질을 밝혀 그들의 식민지 지배 책임을 분명히 하고자 한다.

이 책에서는 내선일체의 기치 아래 조선인을 충량한 황국신민으로 만들어 가는 일제 황민화 정책의 실상을 살펴본다.

I

전시기
식민지 통치 이념

1
미나미 총독과 내선일체

일본제국주의는 식민지 조선을 통치하기 위해 동화정책을 시행하였다. 동화정책은 조선인을 일본인화한다는 미명하에 조선인의 민족성을 말살하려는 정책이었다. 일제는 이러한 동화정책을 시기에 따라 조금씩 변화시켜 그들의 지배 목적을 관철하고자 하였다.

불법적으로 조선을 병합한 일제가 그 정당성 논리로 제기한 것은 일선동조론(日鮮同祖論)이다. 이는 일본과 조선은 같은 조상에서 유래한다는 것으로 조선 지배를 합리화하기 위한 대외적인 선전 문구였다. 또한 일선동조론의 내실은 고대부터 일본의 지배를 받았다는 왜곡된 역사 논리를 전제로 조선의 무능함을 드러내려고 한 주장이었다. 이러한 발상이 전시기에 들어서 식민지 조선 통치의 방침으로 내세워진 것이 내선일체(內鮮一體)이다.

1919년 다이쇼(大正) 천황은 조선인을 천황의 신민으로 삼아 일본인과 차별하지 않겠다는 일시동인(一視同仁)을 천명하였다. 그리고 만주사변 시기 총독이었던 우가키 가즈시게(宇垣一成)는 이러한 기조하에서 내선 융화를 주장하였다. 이에 1936년 8월 조선 총독으로 부임한 미나미 지로(南次郎)는 부임 인사에서 천황의 일시동인 성지를 받아 전임자의 내선 융화를 실현하겠다고 첫 일성을 발하였다. 이는 일시동인으로 표상되는 동화정책에 충실하겠다는 의지를 스스로 밝힌 것이다. 그리고 미나미 총독은 동화정책을 더욱 철저하게 강화하고자 자신의 지배통치 이념으로 내선일체를 천명하였다. 이는 중일전쟁과 태평양전쟁에 걸쳐 식민지 조선의 통치 이념으로서 기능하였다.

1937년 미나미 총독은 국체명징, 선만일여(鮮滿一如), 교학진작(敎學振作), 농공병진(農工倂進), 서정쇄신(庶政刷新)으로 구성되는 5대 정강을 발표하였다. 그리고 조선 교육 3대 강령을 공표하면서 국체명징, 내선일체, 인고 단련(忍苦鍛鍊)을 내세웠다. 이를 통해 내선일체를 대외적으로 공론화하였다. 1938년 4월 미나미 총독은 도지사 회의에서 자신이 제시한 조선 통치 방침인 "5대 방침은 통치의 근간인 내선일체에 따라 한층 새로운 의의를 띠며 그 실적을

〈그림 1〉 조선 총독 미나미 지로
 - 출처: 御手洗辰雄, 1957, 『南次郎』, 南次郎傳記刊行會.

거둘 수 있다고 생각할 수 있습니다"라며 내선일체를 식민지 통치의 기본 방침으로 천명하였다. 이어 7월 중일전쟁에 대한 조선인의 협력을 이끌어내기 위해 개시한 관제(官制) 운동인 국민정신총동원 운동의 「국민정신총동원연맹 규약」 제2조에서 "본 연맹은 내선일체 거국일치 국민정신총동원의 취지 달성을 도모함을 목적으로 한다"라고 하여 내선일체를 운동의 목표로 삼았다.

한편 만주 지역에서는 1936년 5월, 조국광복회가 결성되어 항일무장 투쟁이 전개되고 있었다. 또한 베를린 올림픽에서 금메달을 딴 손기정 선수의 일장기 말소 사건이 일어나기도 하였다. 일제의 입장에서는 불완전하고 불충한 신민인 조선인을 통제하고, 나아가 전쟁 협력을 위한 보다 강력한 조치가 필요하였다.

중국 대륙에 대한 본격적인 침략 전쟁이 개시됨에 따라 지정학적인 위치뿐 아니라 주요한 식민지로서 조선의 역할이 기대되었다. 이에 따라 총독으로 부임한 미나미는 더욱 안정적으로 식민지 조선을 지배하고 더 나아가 전쟁 수행에 조선의 협력을 확보하기 위해서 이에 상응하는 미사여구의 선전 문구뿐 아니라 대의명분이 필요하였다.

1939년 4월 18일 도지사 회의에서 미나미 총독은 내선일체의 목표를 "반도인을 충량한 황국신민으로 만드는 데 있다"라고 밝혔다. 또한 "천황 중심주의하에서 만민보익의 황도를 다하는 것"이 충량한 황국신민의 본질이라고 강조하였다.

일제가 주창한 내선일체에서 누차 강조하는 용어가 황국신민이다. 황국신민이라는 표현은 미나미 총독의 브레인 역할을 수행했던 학무국장 시오바라 도키자부로(塩原時三郎)에 의해 주도된 조어(造語)이다.

도쿄제국대학에 입학한 시오바라는 1919년 4월 흥국동지회(興國同志會)를 결성했다. 이는 고조되고 있는 다이쇼 데모크라시(Taisho Democracy, 다이쇼 시기를 중심으로 일본에서 일어났던 민주주의적 개혁 요구 운동)에 맞서 천황의 존재가치를 지키기 위해 1925년 4월에는 국본사(國本社)로 개조되었고 시오바라는 회원으로 활동했다. 미나미 또한 국본사에 관여하고 있어 이들이 사상적으로 공명할 수 있는 소지가 있었다. 이러한 국수적이며 황도주의자인 시오바라가 회장으로 있던 조선교육회(朝鮮敎育會)의 설명에 따르면 황국신민의 의미는 "천황폐하를 중심으로 받들고 천황에 절대 순종하는 길이다. 절대 순종은 자신을 버리고 자신을 떠나 오로지 천황에게 봉사하는 것이다"라고 하여 천황을 위해 목숨까지 내어놓을 수 있는 천황에 대한 지고한 충성을 바치는 것이었다. 다시 말해 조선인에게 몸과 마음을 다하여 천황을 섬기라는 뜻이었다.

미나미 총독이 구상하였던 천황 나라의 충량한 신민으로 만드는 황민화와 현실적인 조선인 태도와는 괴리가 존재하였다. 이러한 점은 미나미 총독의 불안감과 더불어 정책에 대해 더욱 강한 집념과 집착을 드러내게 하였다. 1939년 5월 29일 도지사 회의에서 미나미 총독은 "내선일체의 궁극적인 목적은 반도 동포가 충량한 황국신민이 되도록 하는 데 있으며 내선인 사이에 일체의 구별을 철폐함을 요지로 하고 또한 종국의 목적으로 삼는다"라고 훈시하였다. 그리고 다음 날 30일 국민정신총동원 조선연맹 간부 총회 인사말에서 미나미는 내선일체에 대해 "서로 손을 잡는다거나 융합한다거나 하는 그런 미적지근한 것이 아니다. 손을 잡은 자는 손을 놓으면 다시 따로따로가 된다. 물과 기름도 무리하게 섞으면 융합하는 듯 보이지만, 표면적인 융합만으로는 안 된다. 모양도 마음도 피도 살도 모두 일체가 되어야 한다…. 내선의 무차별 평등에 도달하는 것이다"라며 내선일체를 통해 내지의 일본인과 식민지의 조선인이 차별 없이 평등해질 수 있으며, 이를 위해서는 진정으로 몸과 마음이 하나가 되어야 한다고 강조하였다.

이러한 미나미의 언설은 사실 목적을 이루기 위한 기만적인 것이었지만 조선인 입장에서는 차별이 철폐되고 조선인이 일본인처럼 동등한 대우를 받을 수도 있다는 한 가닥 희망으로 막연한 기대감을 불러온 것 또한 사실이었다.

미나미 총독이 주창한 조선 통치 이념인 내선일체는 중일전쟁에서 태평양전쟁 그리고 패전에 이르기까지 전시기에 기능하였던 동화정책의 마지막 시책으로, 그 내실은 가장 극단적이었다. 내선일체는 일본제국주의가 조선에 자행한 인적, 물질적, 경제적 수탈을 정당화하는 논리로 기능하였을 뿐 아니라, 조선인의 정신과 정체성마저도 파괴하려는 민족말살정책이었다.

이 시기 조선총독부에 의해 내선일체가 표방되고 식민지 조선인의 일상에 이를 투영하기 위해 분투한 것은 식민지 지배가 그들이 구상한 바와 달리 원활하지 않고 불안정하였음을 방증하는 것이었다.

일제의 침략 전쟁 확대는 전쟁의 수행상 필요한 인적 물적 자원의 부족을 초래하였고, 이를 보충하기 위해 식민지 조선인의 일본화 필연성이 대두되고 이를 관철하기 위한 방편으로 내선일체가 강화되었다.

2
내선일체의 허구성

 내선일체는 일제가 조선인을 식민지 지배와 침략 전쟁 수행에 필요한 유용한 도구로 이용하기 위해 기초를 다지는 작업이자, 조선 지배의 안전을 담보 하기 위한 최소한의 안전장치이기도 하였다. 내선일체는 일제의 주장처럼 조선인과 일본인이 동등하고 평등한 관계가 성립한다는 의미가 절대 아니었다.
 미나미 총독이 내선일체를 제기한 후 식민지 조선 사회 내에서는 내선일체론이 다양한 형태로 출판 보급되었다. 이들의 주장은 크게 두 가지였다. 하나는 일본인의 논리인 동화(同化)이고, 또 하나는 조선인을 중심으로 한 진정한 내선일체, 즉 조선과 일본이 하나가 되어 차별 없는 동등한 대우를 누릴 수 있다는 기대이다. 여기에 내선일체론의 본질적 모순이 드러나 있다고 할 수 있다.
 일제가 주장하는 대로 내선일체가 실현된다면 조선인과 일본인은 진

〈그림 2〉 내선일체 홍보엽서
- 출처: 국사편찬위원회 우리역사넷, 민족문제연구소.

정 평등해질 것이라는 기대가 조선인의 내선일체론에 함축되어 있었다. 현영섭이 1938년 출간한 『조선인이 나아가야 할 길』은 조선인이 제창한 내선일체론으로 큰 반향을 불러일으켰다. 이 책에서 현영섭은 일관되게 조선인은 장래 완전한 일본인이 되어야 하며 그것이 조선인이 나아가야 할 길이라고 주장하였다. 논란의 중심에 선 이 책은 1년 사이에 11판이 인쇄되어 약 4천 부가 팔리는, 당시로서는 엄청난 베스트셀러가 되었다. 현영섭의 주장에 대해 조선인은 반감이든 공감이든 관심을 가질 수밖에 없었다. 조선인 입장에서 현실은 '일본제국주의는 침략전쟁을 통해 외형적으로 더욱 강력해지고 있었으며, 반면 조선의 독립은 요원한 상황'이었기 때문이다.

이와 같은 조선인에게 내선일체에 대한 막연한 기대치를 높여준 인물은 바로 미나미 총독이었다. 그렇다면 그는 진실로 조선인과 일본인이 대등하고 평등해져야 한다고 생각하고 있었을까? 앞서 언급했듯이 미나미 총독은 조선인이 일본인으로 완전히 동화하도록 독려하였다. 즉 조선인과 일본인은 "모습도 마음도 피도 살도 전부가 일체가 되어야 한다", "조선은 식민지가 아니다. 조선을 식민지라고 하는 자가 있으면 두들겨 패라"라고 역설하였다. 이러한 미나미의 연설은 조선인의 마음에 파고들었고, 그들의 조국 광복에 대한 열망을 소용돌이치게 했다. 그러나 정작 미나미 총독이 주장한 것은 조선인과 일본인이 진정 평등한 존재가 되는 것이 아니라 그저 식민지 통치를 위한 선동 선전 문구에 불과했다.

조선인과 일본인의 일체, 평등을 외치던 미나미는 총독을 사임하고 일본으로 귀국한 후에는 자신의 속내를 거침없이 드러냈다. 추밀원 고문관이 된 미나미는 1942년 10월 28일 추밀원 회의 석상에서 도조 히데키(東條英機) 내각의 내외지행정일원화 정책에 대해 언급하면서 조선은 "최근까지 수천 년에 걸쳐 한 국가를 형성해왔기 때문에 그 사상, 인정, 풍속, 습관, 언어 등을 달리하는 이민족인 것은 엄연한 사실 … 정부 및 국민 그리고 현지의 위정자는 이 엄연한 사실을 솔직하고도 정확하게 인식하여야 한다"라고 주장하였다.

　미나미는 지금까지 "내지와 조선은 옛 신화시대부터 깊은 관계가 있으며, 인종적, 문화적으로도 동일동근이다"라며 대외적으로 조선인과 일본인의 일체가 가능하다고 주장해 왔으나, 그 속내는 조선인은 어디까지나 이민족임을 인식하고 있는 기만적 행태를 보여주었다.

　일본인이 조선인을 차별한 의식의 근저에는 민도(民度)의 차이가 있었다. 이는 '황민화의 정도'라는 표현으로 표출되기도 하였다. "민도가 낮은 조선의 실정을 직시하고 그에 따른 적당한 시책이 그때그때 취해진 것에 불과 … 어느 시기까지는 따로 취급하는 것이 오히려 일시동인의 주지에 맞다"라며 조선인과 일본인의 차별을 당연시하면서도 조선인 통제를 목적으로 겉으로는 양 민족은 동등하다는 선전적 언설을 표출한 것에 불과한 것이다.

　미나미 총독의 조선인에 대한 굴절된 인식은 비단 그 자신만이 아니라 식민지 조선을 지배하고 있었던 조선총독부의 기본 인식이기도 하였다. 1942년 8월 "조선인의 동화는 가능한가"라는 주제로 강연을 한 조선총독부 기획부 계획과장인 야마나 슈기오(山名酒喜男)는 "조선인은 이민족으로 결코 동화가 어렵다"라는 입장에서 조선인과 일본인의 관계에 대해 "내지인이 조선인보다 두 발 세 발 앞서 끌어 나가야 하며, 또 조선인도 내지인에게 감사하는 마음으로 배워야 한다"라고 피력하였다. 이것이 바로 일본 지배층이 견지하였던 내선일체의 실체라고 할 수 있다. 일본인과 조선인 사이에서는 항상 차별과 격차가 존재하였고 결단코 대등하고 병렬적인 관계가 아니었다. 일본인은 항상 앞장서서 조선인을 이끌어야 한다고 생각했으며, 두 민족 사이의 거리는 결코 줄

어들 수 없었다.

　이러한 일본 지배층의 조선인에 대한 차별적 인식은 내선일체론에도 투영되고 적용되었다. 즉 "내선일체라고 하면 곧바로 권리 의무의 완전한 동일화를 상기 요망하는 사람이 없지 않다. 그렇지만 내선일체의 근본 전제는 황국신민화에 있으며, 사심을 버리고 공을 받들며 진심으로 폐하의 민이라는 자각에 철저한 것이 모든 제도상의 일체화보다 선결 문제이다. 이 근본 전제를 이행 실천하지 않고, 제도상의 평등"을 구하는 것을 "비황국신민적인 태도"로 규정하였다. 내선이 하나됨은 선결 과제로서 조선인과 일본인과의 민도의 차이를 지극히 당연한 것으로 인정하고, 그 격차 없어지고 동등하다고 인정될 때까지는 내선일체는 불가능하다고 보는 것이며, 그 시점까지는 조선인에 대한 차별은 타당하며 당연하다는 태도였다.

　친일 조선인들이 열망하였던 내선일체는 이등 국민 조선인을 일본인과 동등하게 대우하겠다는 취지의 정책은 절대 아니었다.

　내선일체는 양날의 검이었다. 조선인들의 협력을 이끌어내기 위해 필요한 것이었지만 한편으로는 조선인에게 그에 상응하는 처우개선 내지 대가를 지불해야만 했다. 그러나 일제는 조선인의 처우개선에는 소극적으로 임하였다. 바꿔 말하면 내선일체는 천황의 신민으로서 의무는 강제하지만 권리 부여는 경시하는 모순된 구조 위에 체현된 통치이념이었다.

II

황민화의 일상화

1
황국신민서사

    1937년 7월 7일 일본군과 중국군의 교전이 개시되고 일제의 중국 대륙에 대한 침략이 가시화되자 식민지 조선 내에서는 민심의 동요가 나타나기 시작하였다. 이를 우려한 조선총독부는 침략 전쟁을 정당화하는 논리를 적극적으로 조선인에게 선전하기 위한 대책에 부심하였다. 그 결과 22일 '조선중앙정보위원회'라는 기구를 조직하였다. 정무총감을 위원장으로 하는 조선중앙정보위원회는 정보 선전과 관련된 사항을 심의하고, 정보 수집과 시국 선전, 관련 기관과의 연락 등을 수행했으며 대내 선전 공작을 통해 조선인의 의식개혁에 주력하였다.
    조선중앙정보위원회는 정보 관련 업무와 더불어 시국 선전이 중요한 업무였다. 시국 상황을 조선 각 지역에 전파하기 위해 조선총독부 관보 부록인 『통보』를 발행하여 선전 활동에 활용하였다. 또한 시국 인식의 강화를 도모하기 위해 각종 인쇄물을 제작해 배포하였으며, 전람회라

든가 연극, 박람회 등 다양한 형태로 행사를 개최하여 조선인에 대한 시국 선전을 강화하였다. 그리고 10월에는 '황국신민서사(皇國臣民誓詞)'를 제정해 조선인에게 천황에 대한 충성심을 세뇌시키기 위해 항상 암송하도록 하였다.

황국신민서사는 간단하게 이야기하면 '나는 황국신민이며 천황에 대해 충성한다'라는 맹세를 매일 되뇌는 것이다. 이를 매일 암송하고 행사 때는 제창하도록 했다. 일제는 내선일체를 구현하기 위한 하나의 방편으로 이 황국신민서사를 패전까지 조선인에게 일관되게 강제했다. 이는 조선인의 정체성을 부정하고 일제의 천황을 중심으로 한 지배 질서의 최하단에 조선인을 밀어 넣어 그들의 충량한 도구로 활용하려고 한 정책이었다.

중일전쟁이 본격화되는 1937년 10월에 제정된 황국신민서사는 천황의 적자가 아닌 조선인에게 강제적으로 황국신민으로서의 자각을 갖도록 종용한 시책이었다. 황국신민서사는 아동용과 중등학교 이상의 학생·일반용으로 만들어져 남녀노소를 막론하고 조선인이면 필수적으로 체득해야 했다. 일제는 먼저 이를 널리 알리기 위해 신문이나 잡지에 게재하고, 라디오로 방송하고 영화로도 제작하여 선전하였다.

조선인들이 암송해야 했던 황국신민서사의 아동용은 다음과 같다.

    1. 나는 대일본제국의 신민이다.
    2. 나는 마음을 합해 천황폐하께 충의를 다한다.
    3. 나는 인고 단련하여 훌륭하고 강한 국민이 된다.

그리고 일반용은 다음과 같다.

1. 우리는 황국신민이며 충성으로 군국(君國)에 보답하자.
2. 우리 황국신민은 서로 신애협력(信愛協力)하여 단결을 굳게 하자.
3. 우리 황국신민은 인고 단련의 힘을 키워서 황도(皇道)를 선양하자.

황국신민서사는 민족성과 역사가 다른 조선인에게 일본 천황의 신민임을 자각하도록 해 그에 따라 절대적인 충성을 맹세하고, 전쟁 수행을 위한 인고 단련을 일상화하도록 강조하였다. 일제의 국민 지배 이념인 천황주의에 입각하여 식민지 조선인에 대한 정신 동원이 본격화된 것이다.

일제는 천황에 대한 충성 맹세를 각종 단체나 학교, 직장, 모임에서 암송하고 제창하도록 하였다. 기념일인 기원절, 천장절, 명치절, 축제일 등 기타 모든 의식에서는 기미가요 후에 낭송하도록 했다. 또한 학교에서는 조회 때마다 제창하도록 하였고, 단체 등이 실시하는 집회에서는 적정한 순서를 정하여 낭송하도록 하였다. 또한 집회의 참석 구성원에 어린이와 성인이 혼재한 경우는 두 종류의 황국신민서사를 순차적으로 암송하도록 지도하였다. 또한 교실에 액자로 만들어 걸어 놓고 출입할 때마다 경례하도록 하였다. 또한 가정에서도 황국신민서사를 족자로 만들어 벽에다 걸어 놓고 암송하도록 하였다.

또한 일제는 1937년 11월부터 애국절을 정하여 이날 황국신민서사를 낭독하도록 강제하였다. 1일이나 15일, 기타 날을 정하여 관공서, 학교, 회사뿐 아니라 지역 정동리, 부락에서 애국절 행사를 하도록 하고 여기에서 천황에 대한 충성 맹세를 낭송하도록 하였다.

1938년 1월부터 조선총독부는 신문과 잡지에 황국신민서사를 싣지 않는 경우는 불온문서로 취급하며, 언론이나 출판물을 통한 선전을 부추겼다. 1939년 11월에는 황국신민서사를 비석에 새겨 남산 조선신궁(朝鮮神宮)에 세우도록 하였다. 그리고 이후 전국 각지에 황국신민서사 비석을 세워 그들의 목적인 황국신민화를 위한 조선인 세뇌에 이용하였다.

황국신민이란 결국 천황의 나라 일본의 부속품으로 조선인을 자리매김한 것으로, 이는 유구한 역사와 전통을 가진 우리 민족을 스스로 부정하도록 하는 민족 말살 맹세였다. 일제는 황국신민서사를 통해 조선인

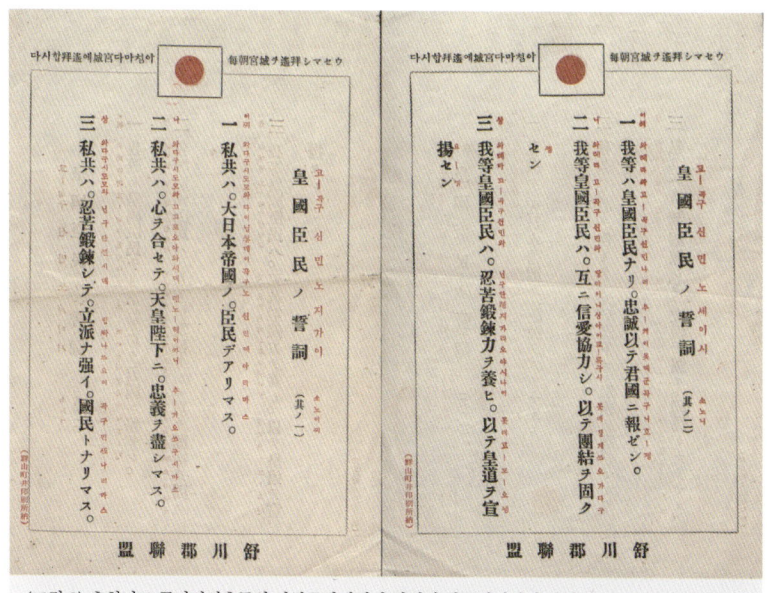

〈그림 3〉 충청남도 국민정신총동원 서천군연맹에서 발행된 황국신민서사 전단
- 출처: 국사편찬위원회 우리역사넷.

의 의식에서부터 황국신민화를 철저히 도모했으며, 이는 패전할 때까지 이어진 주술적인 정신동원이었다.

그럼, 여기에서 말하는 천황에게 충성을 바친다는 것이 무슨 의미인지 당시 조선총독부 학무국장인 시오바라의 설명을 통해 그 의미를 살펴보자. 시오바라는 『문교조선』(1938년 3월)에 게재한 글에서 다음과 같이 지적했다.

"천황을 중심으로 받들며 천황에 절대수순하는 도이다. 절대수순이라 함은 나를 버리고 나를 떠나서 오직 천황에 봉사하는 것이다. 이 충성의 도를 행하는 것이 국민의 유일한 사는 도이며 모든 힘의 근원이다. 그러면 천황을 위하여 몸과 마음을 다 바치는 것은 소위 자기희생이 아니라 '천황의 일광'에 살아서 국민으로서의 참 생명을 발양하는 것이다."

결국 천황에 충성을 맹세하는 행위는 천황을 위해 몸과 마음을 희생하겠다는 결의를 다지는 것으로 여기에 조선인의 정체성은 존재하지 않았다.

1937년 조선중앙정보위원회에서 개시된 황국신민서사 제창은 1938년 국민정신총동원운동으로 계승되었다.

오랜 세월 다른 공간과 환경에서 이질적 삶을 영위해 온 조선인을 일제 천황의 충량한 신민으로 개조하기 위한 장기적이며 집요한 조선인 정신 개조 프로젝트, 그것이 바로 항국신민서사 제창이었다.

2
황민화 정책의 실천조직

 중국에 대한 침략 전쟁을 감행한 일본은 국내에서 국민정신총동원운동을 개시하였다. 반면 식민지 조선에서는 미나미 총독이 조선중앙정보위원회를 설치하여 총독부 주도의 선전활동을 전개하였다. 그러나 중일전쟁의 장기화로 조선 내에서도 이에 대응하는 구체적인 조직에 의한 운동이 필요해졌다.

 이에 미나미 총독은 자신이 주창한 내선일체를 구체적으로 구현하기 위해 일본 국내에서 시행되고 있는 국민정신총동원운동을 조선에서도 시행하도록 하였다. 하지만 그대로 답습하지 않고, 조선인에 대한 선전과 선동 그리고 실천적 협력을 이끌어 내기 위한 실천적 운동이 강조되었다. 일본이 1937년 중일전쟁 개시와 더불어 전쟁 수행의 추진력으로 조직한 국민정신총동원운동은 1년여가 지난 시점에서 조선에서도 시행되었다.

1938년 학무국을 중심으로 작업이 추진되어 7월 7일에 국민정신총동원조선연맹이 조직되고 국민정신총동원운동이 본격화되었다. 다만 조선에서는 미나미 총독의 식민통치 이념인 내선일체가 강조되었다. 특히 "내지의 거국일치, 견인지구, 진충보국이라는 세 가지 목표는 말할 것도 없고, 그 중심은 일시동인의 성지에 기초한 내선일체를 통한 통치 방침의 철저 및 반도 동포의 황국신민화를 도모"하는 점이 일본의 운동과 구별되는 특징이었다. 이는 1939년 5월 연맹 임원 총회에서 있었던 미나미 총독의 훈시에서도 확인할 수 있다. "연맹의 궁극적인 목표가 무엇인지 말한다면, 2,300만 민중을 충량한 황국신민으로 만드는 것에 있다. 충량한 황국신민, 이는 진정한 일본인이 되는 것이다. 일본인이란 천황중심주의의 만민부익의 황도를 철저히 하는 것에 있다. 따라서 연맹의 궁극적인 목표는 내선일체의 완전한 구체화에 있다." 조선에 시행된 국민정신총동원운동의 궁극적 목표는 내선일체다. 이를 위해 일제는 강연회, 좌담회, 인쇄물 제작 배포 등을 주요 선전 활동으로 삼았다.

설립 초기에는 명예총재로 오노 로쿠이치로(大野綠一郞) 정무총감을 두었으나, 이후 조선군 사령관을 역임한 가와시마 요시유키(川島義之)를 총재로 두고 실질적인 업무는 미나미의 최측근인 학무국장 시오바라가 이사장으로 연맹을 총괄하였다.

이미 1년간 일본에서 시행 중인 국민정신총동원 운동은 여러 단체 간의 연락 기관 성격이 농후한 반면, 실제적인 실천력이 취약한 점이 문제점으로 지적되고 있었다. 조선은 조직을 결성하는 데 이 점을 고려하여 실천적 조직 확보에 주력하였다.

조선에서의 하부 조직은 지방에는 도 이하 부락까지 각 행정 단위로 연맹이 조직되었고, 학교, 회사, 상점, 관청 등에도 연맹이 결성되어 이를 각종 연맹이라 하였다. 이렇게 연맹의 하부 조직은 지방연맹과 각종 연맹의 이중구조로, 지역과 직역(職域)에서 조선인을 통제 가능하도록 한 것이었다.

애국반은 가장 말단에 위치한 실천 조직으로 정동리부락연맹과 각종 연맹에 통상 10호 단위로 조직하였다. 이는 일본에서의 국민정신총동원운동과 명확하게 차이 나는 조직 방식으로 조선만의 특징이었다. 이를 통해 조선에서는 실천적 행동 조직을 확보한 상태에서 운동을 전개할 수 있었다. 애국반은 국민정신총동원운동의 중심적인 실천 조직으로서 활동이 기대되었다. 실천 조직의 부재로 운동이 점점 약화되고 있는 일본의 경우를 거울삼아 조선에서는 연맹 결성 단계에서부터 실천 조직의 정비를 준비하였다. 이렇게 조직된 애국반은 일제의 패망까지 조선총독부 관제운동의 가장 하부 실천 조직으로 기능하며, 조선총독부의 시책을 전파, 침투시키며 내선일체의 구현을 위한 황민화 정책의 실행 주체로서 역할을 담당하였다.

〈표 1〉 국민정신총동원 조선연맹 조직 결성 상황(1939년 6월 말 현재)

	부군도연맹		읍면연맹		정동리부락연맹		각종 연맹 수	애국반	
	부군도 수	결성 수	읍면 수	결성 수	정동리 부락 수	결성 수		반 수	인원 수
경기	23	23	236	236	6,541	6,541	702	35,260	496,648
충북	10	10	106	106	3,695	3,695	333	15,024	203,570
충남	13	13	174	174	6,334	6,333	668	24,294	231,556
전북	16	16	176	176	6,241	6,087	237	23,300	268,327

전남	24	24	232	232	22,182	7,423	432	33,327	613,149
경북	24	24	231	231	11,030	6,392	603	37,992	423,830
경남	21	21	245	245	9,114	6,821	738	60,344	364,499
황해	18	18	212	212	5,096	4,657	227	21,155	299,388
평남	16	16	140	140	2,166	2,212	399	19,840	419,260
평북	20	20	178	178	1,481	2,914	909	18,426	317,753
강원	21	21	176	176	3,288	4,121	691	22,582	303,466
함남	18	18	131	131	2,979	3,441	1,082	19,446	254,010
함북	13	13	77	77	963	1,056	869	14,519	204,988
합계	239	239	2,352	2,352	81,310	61,915	7,914	347,728	4,622,444

출전 : 조선총독부, 『朝鮮に於ける国民精神総動員』, 1940. 3, 79쪽.

〈표 1〉은 1939년 6월 말 현재의 국민정신총동원 조선연맹의 조직 결성 상황이다. 표를 보면 연맹 조직이 정동리부락까지 행정 단위로 결성되어 있으며, 이는 국민정신총동원운동의 관제성을 의미하는 것이었다.

1938년 7월 국민정신총동원 조선연맹은 1937년 7월 이후 조선중앙정보위원회가 추진한 사업을 시국 인식의 철저와 내선일체를 강화하기 위한 목적으로 계승해 전개하였다.

1938년 9월에는 연맹협의회를 개최하여 21항목에 달하는 국민정신총동원 조선연맹 실천 요목을 결정해 적극 추진하였다. 이를 열거해 보면 다음과 같다.

1. 매일 아침 황거 요배
2. 신사참배 장려
3. 조상의 제사 장려

4. 기회 있을 때마다 황국신민의 서사 낭독

5. 일장기의 존중 게양의 장려

6. 일본어 생활의 장려

7. 비상시 국민 생활 기준양식의 실행

8. 국산품 애용

9. 철저한 소비절약과 저축의 장려

10. 국채 응모 권장

11. 생산의 증가 및 군수품 공출

12. 자원의 애호

13. 근로보국대의 활약 강화

14. 1일 1시간 이상 근로 증가의 장려

15. 농산어촌갱생 5개년 계획의 완전 실행

16. 전가 근로

17. 응소군인의 환송 환영 부상병의 위문

18. 출정 군인 및 순국자 유가족의 위문 위령 가족 방문

19. 기회 있을 때마다 순국자 영령에 묵념

20. 유언비어를 삼가하고 간첩을 경계 경

21. 방공방첩의 협력

이처럼 국민정신총동원운동은 조선총독부의 정책 수행상 필요한 시책을 선전하고 선동하며 이를 조선인 한 사람 한 사람에게 철저하게 침투하게 하는 데 일조하였다.

1940년 10월 일본에서는 해결 출구를 찾지 못하고 있는 중일전쟁과

부진을 면치 못하는 국민정신총동원운동을 개혁하기 위해 고노에 후미마로(近衛文麿)를 중심으로 신체제운동이 고조되고, 그 결과물로 대정익찬회(大政翼贊會)가 결성되었으며, 관제운동으로 익찬(翼贊)운동이 전개되었다.

반면 식민지 조선에서는 조직 초기 단계에서 국민정신총동원운동의 관민일체화가 추진되었다. 이미 애국반이라는 실천 조직을 하부에 두고, 내선일체를 기치로 조선인의 황국신민화 실현을 기도하며 일본어 상용운동, 신사참배 등의 황민화 정책을 국민정신총동원 운동을 통해 추진하고 있었다. 따라서 미나미 총독은 일본 본토와 달리 새로운 관제운동에 대한 필요성에 소극적이었다. 그러나 국책으로 추진된 익찬운동의 일환으로 조선에서도 일본의 대정익찬회 결성에 호응하는 형태로 새로운 조직 결성이 추진되었다. 즉 조선에서는 1940년 10월 국민총력조선연맹이 결성되었다. 이미 국민정신총동원운동 단계에서 조직하여 활용하고 있었던 애국반을 통해 말단에 이르기까지 행정기구와 일체화를 이루고 있어, 새로운 조직에서도 조선총독부의 통제를 도모하였다. 이러한 관제적 성격은 국민정신총동원조선연맹 출범 때보다 더욱 강화되었다.

요강에 따르면 "국체의 본의에 의거하여 내선일체의 내실을 거두고 각각 그 직역에서 멸사봉공의 정성을 바쳐 협심육력으로 국방국가체제의 완성과 동아신질서의 건설에 매진하는 것"을 목표로 하였다. 기존의 국민정신총동원운동, 농촌진흥운동 등을 통합하여 국민총력연맹을 조직하도록 하였다. 또한 지도 조직으로 국민총력운동지도위원회를 설치하고, 중앙과 실행 조직으로 국민총력조선연맹을 조직하였다. 국민총력조선연맹은 조선 내의 모든 개인과 단체를 대상으로 하였으며, 미나미 총독이 직접 총재를 맡았다. 조선 총독에게 위임된 정치적 권한과 위상을 감안한다면 국민총력조선연맹이 갖는 관제성은 국민정신총동원조선연맹에 비해 더욱 강화되었다고 할 수 있다. 정무총감이 부총재를 맡고, 그 외 고문, 이사, 참여, 평의원, 참사를 두었다.

국민총력조선연맹에는 사무국으로 총무, 지방, 식산, 농림, 저축, 보도, 방위지도, 문화, 훈련, 선전 각 부를 두었다. 국민정신총동원조선연맹이 단순한 사무적 기능을 수행했던 것과는 다른 점이었다. 훈련부는 총독부의 학무국장, 방위지도부는 경무국장, 저축부는 재무국장, 보도부는 법무국장, 농림부는 농림국장, 지방부는 내무국장이 담당하였다. 조선총독부와 국민총력조선연맹이 표리일체하여 국민운동을 전개한 것이다. 국민총력조선연맹의 단계에 이르러서는 총독부와 국민총력조선연맹의 표리일체 관계는 더욱 강화되었으며, 총독부의 시책이 국민총력조선연맹의 운동방침으로 추진되는 구조가 형성된 것이다.

국민총력조선연맹의 하부 조직은 행정 단위에 따라 도 이하 정동리, 부락에까지 지방연맹을 결성하였다. 도지사, 부윤과 군수 및 도사, 읍면장, 정동리 총대 또는 구장이 회장 또는 이사장을 맡도록 하여 행정과의 일체성을 담보하였다.

국민정신총동원 조직과의 상이점은 정동리, 부락연맹에 이르기까지 상회의 설치가 규정된 점이다. 각종 단체에 의한 연맹 결성이 추진되어 관청, 공장, 학교, 회사, 광산, 기타 단체 등 직역에 따라 연맹을 결성하였다. 지방연맹에는 각 10호, 각종 연맹에는 30명 내외의 인원으로 애국반을 조직하여 실천 조직으로 활용하였다.

1940년 10월부터 조직 결성이 추진된 국민총력조선연맹의 1940년 12월 말의 현황이 〈표2〉다. 국민정신총동원연맹의 조직 기반을 토대로 국민총력조선연맹은 짧은 기간에 조직을 정비할 수 있었다.

〈표 2〉 국민정신총동원 조선연맹 조직 결성 상황(1940년 12월 말 현재)

	도 연맹 수	부군도 연맹 수	읍면 연맹 수	정, 동, 리 부락 연맹 수	애국반 반 수	애국반 호대표 반원 수	각종 연맹	애국반 반 수	애국반 반원 수
경기도	1	23	232	6,212	35,065	467,893	1,119	6,666	342,050
충청북도	1	10	106	3,336	13,991	156,158	570	1,645	87,210
충청남도	1	15	172	5,955	24,083	271,484	1,061	4,421	126,793
전라북도	1	16	175	6,023	26,319	286,852	824	3,010	106,422
전라남도	1	24	252	7,771	34,621	534,704	946	3,412	123,753
경상북도	1	24	251	5,151	35,069	448,954	1,060	3,532	100,216
경상남도	1	22	242	6,576	40,998	393,888	1,494	6,301	188,084
황해도	1	18	212	7,361	20,045	321,469	1,195	3,258	131,957
평안남도	1	16	140	6,772	22,967	283,341	861	3,740	83,441
평안북도	1	20	173	2,800	18,491	278,774	1,249	2,812	129,442
강원도	1	21	175	4,112	23,673	287,250	1,243	3,146	84,750
함경남도	1	18	130	3,677	21,675	244,216	1,266	4,567	134,650
함경북도	1	13	76	1,082	13,429	166,416	1,135	3,947	147,014
합계	13	240	2,336	66,828	329,426	4,141,499	14,025	50,257	1,777,862

출전 : 조선총독부, 『半島の国民総力運動』, 1941. 3, 88쪽.

국민총력조선연맹에 의해 개시된 국민총력운동은 내선일체의 철저와 황국신민화를 선결 목표로 하였다. 미나미 총독은 10월 국민총력 경기도연맹 간부 총회에서 "총력운동의 목적은 말씀드릴 필요도 없이 만민이 협력하여 황모를 익찬하는 것입니다. 그 목적을 달성하는 방법은 군국지상주의에 의거하여 개인 각자가 본분을 지키면서 멸사봉공과 지성으로 황국신민의 도를 실행하는 것에 있습니다"라고 하며 황국신민의 길을 강조하였다. 국민정신총동원연맹과 국민총력조선연맹은 조선총독부가 추진하고 강제한 내선일체 구현을 위한 황민화 정책의 실질적 추진조직으로 활용되고 기능하였다.

3
신사참배의 강제

　일본에는 고대부터 내려오는 전통적인 종교로 신도(神道)가 존재하였다. 신도는 누구나 신이 될 수 있으며, 마을에는 각자의 신을 모신 사당인 신사를 두고 있었다. 한반도에서 불교가 전래된 이후 불교가 정치와 사회에서 중심적인 종교로 기능하였다. 그러나 메이지유신을 통해 권력을 장악한 천황과 그 측근 세력은 천황의 지배력을 강화하기 위해 불교를 배척하고 그 대신 신도를 국가 종교로 격상시켰다. 일본의 시조신이라는 아마데라스 오오미카미(天照大神) 이래 만세일계인 천황의 지배를 정당화하는 천황제 이데올로기를 일본 국민에게 주입하며, 국민통제의 일환으로 신도를 적극 활용한 것이다. 메이지 초기, 일본 국민에게조차 낯선 천황을 각인시키기 위해 신도를 수단으로 천황을 신격화하고, 일본 국민에 대한 정신적 지배 및 통제를 위해 적극적으로 신사를 활용하였다.

〈그림 4〉 조선신궁 입구의 비석과 도리이(鳥居)
- 출처: 국사편찬위원회 우리역사넷.

 1910년 일제에게 주권을 침탈당하기 전 식민지 조선에는 주로 일본 거류민들을 위한 신사(神祠)가 건립되었다. 그러나 한일병합 이후에는 조선총독부의 정책을 토대로 조선인을 대상으로 광범위하게 신사참배가 강요되었다. 1917년 3월 조선총독부는 「신사에 관한 건」을 제정하여 신사[神祠, 신사(神社)보다 규모가 작은 사당] 설치를 장려하였다. 조선총독부는 우선 일본인이 설치한 신사(神祠)를 인가하였다. 당시 신사(神社)의 건립 비용이 2만 엔 이상인 반면, 소형 사당인 신사(神祠)의 건립 비

3. 신사참배의 강제 · 37

용은 1,000~5,000엔에 불과하여 저렴한 비용으로 설치가 용이했다. 일제는 식민지 조선에 대해 신도를 매개로 천황의 지배를 강화하기 위한 수단으로 신사참배를 활용하였다.

1919년 7월 일제는 아마테라스 오미카미(天照大神)와 메이지 천황을 신으로 모신 조선 신사(神社)를 설치하였다. 1925년에는 '조선신궁'이라 개칭해 학생들의 참배를 강요하였다. 조선총독부는 학교에 신궁참배는 종교적인 행위가 아니라 "학생에게 숭조의 마음을 함양"하는 것이라고 통지하였지만 기독교 계열의 학교는 대부분 신사참배를 거부하였다. 이러한 조선신궁 진좌제(鎭座祭)를 계기로 조선인들의 반발이 이어지자 일제는 신사참배 강요를 유보하는 태도를 취했다.

조선 내 신사 건립을 적극 추진했던 미나미 총독은 「신사규칙」을 개정해 '1읍면에 1신사(神祠)'의 원칙을 정하고, 전국에 소규모 신사를 건립하였다. 또한 주요 도시에는 신사(神社), 즉 1936년에는 경성신사, 부산에 용두산신사, 1937년에는 대구신사, 평양신사, 1941년에는 광주신사, 강원신사 등을 건립하였다. 그리고 1936년 8월에 「신사제도」를 개정하여 경성신사와 용두산신사 등에 국폐사 지위를 부여하였다. 이를 통해 조선에도 일본과 같이 조선신궁을 정점으로 하는 신사의 계층적 체계화가 형성되었다. 1945년 6월까지 면 단위에 건립된 신사가 1,062곳에 이르렀다.

중일전쟁이 발발하자 일제는 조선신궁에 이어 부여에 부여신궁 건립 계획을 세우고 신궁 건설을 추진하였다. 즉 "일시동인의 성지를 받들어 더욱더 우리 조국의 정신을 현창하고, 내선관계의 역사적 연유를 설명하여 일체의 정신을 공고히 하며, 이로써 신동아건설의 홍업을 익찬하고 받들어야 할 때다"라며 천황에 의해 중국 대륙으로 확장되는 침략전쟁을 미화하였다. 부여신궁은 고대 백제와 일본과의 관계에서 일제의 조선 식민지 지배를 정당화하기 위한 하나의 방편이었다. 고대 한반도를 지배했다는 설을 근거로 고대 천황을 신으로 모셨다. 그리고 국민정신총동원운동의 하나로 참배뿐 아니라 신궁 건설에도 조선인을 동원하였다.

일제는 이상 언급한 신사참배뿐 아니라 조선인에게 궁성요배를 강제하였다. 조선인을 충량한 신민으로 만들기 위한 정신 개조 방법의 하나로 일제는 황국신민서사 암송뿐 아니라 도쿄에 있는 천황을 향해 허리를 반으로 꺾어 인사하는 궁성요배를 강요하였다. 행사나 의식, 학교 조회 시 이러한 궁성 요배를 황국신민서사와 함께 강제하였다. 조선인들에게 90도의 인사를 강요하면서 조선의 지배자이자 주인은 일본에 있는 천황이며 조선인은 피지배자에 불과하다는 점을 각인시킴과 동시에 정신적 제재를 가해 순종하도록 만든 것이 바로 궁성요배였다.

조선총독부는 1937년 11월 회사, 공장, 관청, 각종 단체, 정동리 및 부락 단위로 1일이나 15일, 기타 날을 애국일로 정하여 황민화 행사를 실천하도록 하였다. 즉 지역, 직역 조직에서 애국일 당일 일장기 게양, 황국신민서사 제창, 궁성요배 등을 하도록 한 것이다. 조선인의 일상생활 속에서 황국신민화의 실천적 행위를 한층 강화하였다.

조선중앙정보위원회의 선동 활동 중 하나로 개시된 애국일 행사는 1938년 국민정신총동원조선연맹 결성 이후에는 국민정신총동원운동으로 계승되었다. 내선일체와 시국 인식을 강화하고 고난 극복을 위한 정신 함양 등을 목적으로 특정한 날을 정해 신사참배, 황국신민서사 암송

등을 통해 국체 관념을 고취시키는 데 주력하였다. 또한 매실장아찌 도시락을 지참하도록 하여 절약과 인고의 정신을 함양하도록 하였다.

조선에서는 매월 1일이나 15일 등을 애국일로 하여 여러 황민화 의식을 추진하여 왔으나, 일본에서 1939년 매월 1일을 흥아봉공일(興亞奉公日)로 한다는 방침이 결정됨에 따라 조선에서도 일본과 같은 날로 삼았다. 흥아봉공일이 결정된 이후에는 종래 애국일에 행해졌던 행사와 더불어 전쟁이 장기화됨에 따라 통근 및 통학 시 도보 장려, 금주, 기호품 금지, 오락 생활 자제 등 생활에서 긴축과 절약이 강조되었다.

태평양전쟁을 감행한 일제는 1942년 1월 8일부터 기존의 흥아봉공일을 폐지하고, 태평양전쟁 개시일인 8일을 대조봉대일(大詔奉戴日)로 정해 매월 8일 행사를 추진하였다. 태평양전쟁 개시, 진주만 기습 공격을 감행한 1941년 12월 8일을 계기로 국민의 전쟁 기운을 고조시키고자 하는 의도였다. 이에 조선에서도 애국일을 폐지하고 매월 8일을 대조봉대일로 삼아 행사가 추진되었다. 국민총력조선연맹의 지도하에 매월 8일에는 정동리연맹에서 방송 시간에 맞춰 상회(常會)를 개최하도록 하였다. 상회는 대략 30분 정도 진행되었으며, 국민총력의 노래, 일장기 게양, 기미가요 제창, 궁성요배, 묵도, 강화 청취, 황국신민서사 제창, 만세 삼창 등으로 진행되었다. 이를 통해 국책에 대한 선전과 황국신민으로서 천황에 대한 충성심을 북돋우며 나아가 전쟁 수행을 위한 협력 기운을 고취하고자 하였다. 이 행사는 패전까지 이어졌다.

일제는 조선인들에게 직접 신사에 가서 참배하도록 했을 뿐 아니라 학교 등에는 봉안전(奉安殿)을 세우고, 집안에는 일본 가정처럼 신을 모시는 신단(神棚)을 설치하게 하여 고대 천황과 일본 신에 대한 참배를 강요하였다. 또한 아마테라스 오오미카미 부적을 강매하여 조선인들에게 소지하도록 하였다. 이는 명목상 신의 힘을 빌려 일제가 자행하고 있었던 침략 전쟁의 승리를 조선인들에게 강요한 것으로, 침략 전쟁에 대한 일체감을 동기화하고 나아가 천황의 신민이라는 의식을 더욱 확고하게 인지하게 하였다. 말 그대로 장소와 시간을 구별하지 않고 참배를 일상화한 것으로 조선인의 황민화를 위해 수단과 방법을 가리지 않았다.

　이러한 일제의 신사참배 강제를 기독교도들은 종교적인 이유로 거부하였다. 신사에서 모시는 일본신에게 참배하는 것은 기독교에서 금하는 우상숭배에 해당하기 때문이었다. 1920년대 기독교 계열 학교의 신사참배 반대에 대해 비교적 소극적인 태도를 취했던 조선총독부는 1930년대에 들어서면서 그 태도를 전환하고 강경하게 대처하였다. 1932년 일제는 만주사변 전몰장병 위령제를 실시하며 조선 내 학교에서 신사참배를 요구하였다. 그러나 평양의 기독교 사립학교들은 이를 거부하였다. 이에 일제의 신사참배에 대한 조치는 더욱 강화되고 강경해졌다. 1935년에는 평양의 기독교 계열 학교 교장이 신사참배를 거부하는 일이 발생하였으나 교장은 결국 해임되었다. 이러한 일제의 강압적 시책은 개신교 사립학교를 중심으로 반발을 사게 되지만 신사참배를 반대한 학교는 하나둘 폐교 조치를 당하거나 휴교하게 되었다.

　반면 교황청의 엄격한 통제를 받는 천주교는 1936년 5월 로마교황청으로부터 신사는 국가 의식으로 애국심의 표명이므로 참배해도 좋다는 취지의 통첩을 조선에 전달하였다.

　미나미는 총독으로 부임한 직후 개신교 사립학교인 평양의 숭실전문학교를 신사참배 거부를 이유로 폐교시켰다. 이후 1938년 2월까지 개신교 계열의 1개 고등보통학교와 9개 보통학교가 폐교 처분을 받았다. 미나미 총독은 "황국신민의 근본정신에 배치되는 종교는 조선 내에서는 절대 그 존립을 허락할 수 없다"라며 신사참배 반대 움직임에 대해 강경한 입장을 취하였다. 개신교를 중심으로 한 신사참배 반대 움직임에 대해 일제는 신자들의 신사참배를 독려하고자 기독교에 대한 대책을 강구하였다. 공권력을 이용하여 개신교 교단에 압력을 가하여 교회 차원에서 신사참배를 결의 실행하도록 지도 통제하였다. 1938년 2월에는 장로교의 평북노회가 신사참배를 결의하고 9월에는 감리교파가 신사참배 허용을 통첩하는 등 개신교는 점차 신사참배를 수용하게 되었다. 반면 교단의 변절에도 불구하고 이를 거부한 기독교인들은 일제 공권력에 의해 투옥되고 교회는 폐쇄되었다.

황국신민서사 제창과 신사참배의 강제는 표면적으로는 조선인의 종교, 신앙의 자유에 대한 탄압책이었다. 그러나 보다 본질적인 측면에서 살펴보면, 이는 조선인을 일상적으로 의식 및 정신세계를 통제 관리하고 사상 동원을 목적으로 한 일제의 정책이었다. 또한 이는 통치 이념인 천황제 이데올로기를 조선인 개개인에게 자각시키고 주입하여 일제가 원하는 방식으로 식민지 조선을 통제하고 착취하며, 그들이 침략 전쟁을 추진하는 데 충실한 인적, 물적 보급기지로서의 역할도 기대한 것이었다.

Ⅲ

일본어 사용의 일상화

# 1

중일전쟁기 일본어 상용정책

　일본 제국주의는 식민지 조선 통치를 위해 동화정책을 시행하였고 그 맥락에서 교육정책 또한 추진되었다. 일제는 조선의 문화는 저급하고 뒤떨어진 것이라며 일본적 교양과 문화를 체득하게 해 조선인을 일본인화하고자 하였다.
　다만 조선교육령 제3조에 명시되어 있듯이 "교육은 시세와 민도에 적합하게 함을 기한다"라고 하여 교육의 목표를 인재 양성에 두지 않고 저급한 조선인에게 적합한 교육으로 열등한 조선인을 양성하여 식민지 통치에 필요한 최소한의 인적 도구를 확보하고, 조선인의 식민지 통치에 순응을 이끌어내고자 하였다. 일제의 조선인에 대한 교육정책의 출발은 바로 그 차별에서 시작되었고 왜곡된 조선인관과 노동력 확보와 같은 목적을 위한 수단의 기능을 추구하였다.
　병합 초기 일제는 무력을 동반한 강압적인 식민 통치를 강행하였으며, 조선총독부 내무부 산하에 학무국을 설치하여 교육행정의 규모를 축소하였다. 이는 교육정책을 근간으로 삼는 일반적 국가의 정책이 아니라 식민지 조선인을 그저 일본의 도구로 사용하겠다는 발상, 바꿔 말하면 우민화정책을 실시하겠다고 스스로 표명한 것이었다.

일제는 1911년 8월 제1차 조선교육령을 공표하였다. 이어서 사립학교규칙, 보통학교규칙, 고등보통학교규칙, 여자고등보통학교규칙, 실업학교규칙 등 관련 법을 정비하였다. 이를 근거로 병합 초기의 교육구조는 조선인과 일본인을 구분하는 차별적 교육제도로 시행되었다. 일본인은 소학교, 중학교, 고등여학교로, 조선인은 보통학교, 고등보통학교, 여자고등보통학교로 민족을 완전히 구분한 차등 교육을 실시하였다.

조선교육령 제2조에 "충량(忠良)한 국민을 육성함을 본의로 한다"라고 명시하고 있듯이 일제는 조선인 교육의 목표를 충량한 국민의 육성에 두고 있었다. 또한 보통교육에서 보통의 지식과 기능을 교수하고, 특히 국민된 성격을 함양하며 "국어를 보급함을 목적으로 한다"라고 하여 일본어 보급에 그 중점을 두었다. 조선인을 일본인화하기 위해서는 일본의 문화를 이해하고 그것을 체득하기 위한 과정에서 일본어의 습득이 중요한 요소였으며, 그것은 또한 조선인의 정체성을 말살하려는 기본 정책이기도 하였다.

일제는 조선을 식민지화한 이후 조선인에 대해 일본어 보급을 추진하였다. 그렇다고 초기부터 조선어 사용을 금지한 것은 아니었다. 오히려 일본인 관리들에게 조선어 습득을 장려하기도 하였다. 식민지 초기 단계에서의 일본어 보급 정책은 학교 교육을 중심으로 진행되었다.

조선어를 말살하지 않았다고 하더라도 병합 초기부터 일제는 명확하게 조선어를 배제하는 정책을 추진하고 있었다. 예를 들면 1911년 보통학교 주당 수업 시간을 보면 일본어가 각 학년을 더해 총 40시간인 것에 비해, 조선어 및 한문 과목은 22시간에 불과하였다. 보통학교 4학년의 경우 주당 조선어 및 한문 시간이 3시간이지만 일본어는 7시간이었다. 더욱 조선어 및 한문 과목이라 하여 조선어뿐 아니라 한문 수업도 병행하고 있어 실질적인 조선어 학습 시간은 더욱 적었다.

1919년 3·1운동으로 조선인들의 강한 저항에 직면한 일제는 무단통치에서 문화통치로 전환하고, 1922년 2월 제2차 조선교육령을 공포하였다.

일제는 조선인의 저항 의지를 누그러뜨리려 '일시동인'을 표방하며 외형상으로 조선과 일본의 수업연한을 동일하게 하였다. 그러나 교육 현장에서 조선인과 일본인의 구별과 차별은 변함이 없었다.

일제가 문화통치로 유화적인 지배를 시행했다고 자평하는 이 시기의 교육제도는, 일본어를 상용할 수 있는 자는 일본인의 소학교, 중학교, 고등여학교에, 일본어를 상용하지 못하는 자는 보통학교, 고등보통학교, 여자고등보통학교로 진학하도록 하였다. 이처럼 일본어를 기준으로 하고 있어 여전히 민족 간의 차별과 구분이 존치된 제도였다. 한편으로는 경성제국대학이 설립되고 일면일교 정책을 통해 보통학교의 설치가 확충되었다.

지배 초기 단계에서 일제는 조선인 교육에 소극적으로 임했으며 학교 교육을 통한 일본어 습득도 결과적으로 저조할 수밖에 없었다. 또한 조선인의 민족성을 상징하는 조선어를 금지한다는 것은 통치상에서도 일제 당국이 신중할 수밖에 없는 사안이었다.

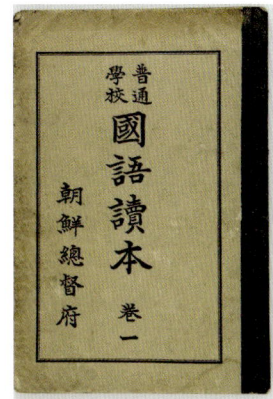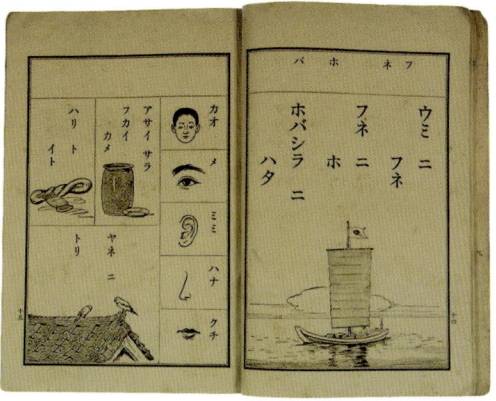

〈그림 5〉 일제강점기 조선총독부가 편찬한 『보통학교 국어독본』 권1
- 출처: 국사편찬위원회 우리역사넷, 한국교원대학교 박물관.

문화통치를 표방한 시기였지만 여전히 조선어 배제 정책은 지속되고 오히려 강화되었다. 예를 들면 1922년 보통학교 각 학년의 일본어 주당 수업 시간을 더하면 총 64시간인 것에 비해 조선어 및 한문 과목은 20시간에 불과하였다. 보통학교 6학년의 경우 주당 조선어 및 한문 시간이 3시간인 반면 일본어는 9시간이었다. 일본어에 대한 수업이 강화된 반면 조선어 수업은 상대적으로 더욱 감소하였다.

이제 본격적인 조선어 말살정책이 강화되는 제3차 조선교육령의 제정 과정에 대해 살펴보자. 이상과 같이 미온적인 방법으로 추진해 온 일본어 보급 정책은 그 한계에 직면하고 있었다. 이러한 국면을 전면적으로 전환하게 된 것이 바로 미나미 총독에 의해 추진된 내선일체를 위한 황민화 정책이었다. 그 구체적 방책의 일환으로 조선어에 대한 탄압과 일본어의 사용 강제가 추진되었다. 그리고 그 시발점이 제3차 조선교육령이었다.

1937년 7월 1일 미나미 총독은 '내선학교명 통일'을 발표하고 이어서 3일에는 시오바라를 학무국장으로 발탁하였다. 그리고 학무국을 중심으로 제3차 조선교육령 개정 작업이 시작되었다.

개정된 조선교육령은 1938년 3월 4일 칙령 제103호로 공포되었다. 조문은 모두 16조로 구성되어 있으며, 내용은 비교적 평이했다. 예를 들면 제1조는 "조선의 교육은 본령에 의한다", 제2조는 "보통교육은 소학교령, 중학교령 및 고등여학교령에 의한다. 다만 이 칙령들 가운데 문교대신의 직무는 조선총독이 한다"라고 규정되어 있어, 실제 시행하는 구체적인 사항은 각 규칙에 의해 규정되었다. 즉 주요한 것들을 열거하면 조선총독부령 제24호로 소학교 규정(87조), 조선총독부령 제25호로 중학교 규정(61조), 조선총독부령 제26호로 고등학교 규정(109조) 등이다.

이러한 학교 규칙들은 9월 하순에 학무국에 의해 원안이 작성되어 임시교육심의위원회에 의해 심의되었다. 교육령 안은 임시교육심의위원회의 심의를 받고 일본으로 송부되어 법제국의 심사를 거쳐 1938년 2월 17일 추밀원 심사위원회에서 심의되어 원안대로 가결되었다. 이러한 과정을 거쳐 3월 4일 제3차 조선교육령이 공표된 것이다. 여기에서 주목할 점은 조선총독부 학무국의 의도가 제3차 조선교육령 개정에 기본적으로 반영되었다는 점이다.

제3차 조선교육령 작성을 주도한 학무국은 어떠한 의도를 갖고 있었을까? 학무국 실무 작업을 주도한 학무과장 다카오 진조(高尾甚造)는 개정의 방향을 "반도에서 요구되는 것은 교학 쇄신의 강력한 실현이다. 국체명징, 내선일체, 인고 단련의 교육방침을 구현"하는 것에 두고 있다고 밝혔다. 3대 강령의 국체명징이란 일본의 국체 관념, 즉 만세일계의 현인신인 천황과의 군신일체, 충효일본을 통한 국체 관념을 국민에게 확고하게 인식시켜 자신을 죽이고 충성과 봉공을 실천하도록 하는 것이었다. 내선일체란 이해관계로 맺어진 것이 아니라 오랜 역사적 공동체로 서로 분리할 수 없으며 내선이 함께 황국신민으로 국가에 희생해야 함을 강조하였다. 인고 단련은 애국심을 근간으로 어떠한 역경에서도 목적을 달성할 수 있는 실천적 태도를 의미하였다. 그리고 이러한 3대 강령을 교육 현장에서 충실하게 구현하고 강화하고자 한 것이 제3차 조선교육령이었다.

이러한 과정과 의도를 거쳐 제3차 조선교육령이 공포되었다. 기존의 교육령과 비교하여 제3차 조선교육령에서 중요한 변화는 기존의 '국민'에서 '황국신민'으로 변경되었다는 점이다. 황민화 교육방침을 대외적으로 표방한 것이다. 내용적 특징은 먼저, 조선인과 일본인 학교의 명칭을 통일시킨 것이다. 보통학교는 소학교로, 고등보통학교는 중학교로, 여자고등보통학교는 고등여학교로 학교 명칭을 변경하였다. 둘째, 향후 설립되는 공립학교는 조선인과 일본인이 공학하도록 하였다. 셋째, 교과목, 교육과정 등에서 조선어 이외의 것은 일본과 동일하게 하였다. 넷째, 조선어 과목을 수의(隨意)과목, 즉 선택 과목으로 변경하였다. 종래에는 조선총독부에서 조선어와 일본어의 병용을 일정 부분 허용하여 왔다. 그러나 제3차 조선교육령을 전환점으로 일제는 조선어의 말살을 기도하며 그 정책 방향을 탄압으로 몰아갔다. 외형상 조선인과 일본인을 동일하게 교육하는 것이었지만 그 내실은 철저하게 조선인의 민족의식을 말살하고 일본적 의식을 고취하여 조선인 황국신민화를 교육정책을 통해 지원하고자 한 것이었다.

그럼, 잠시 일본과 조선의 초등학교 규정의 차이를 살펴보자. 일본의 소학교령 제1조는 "소학교의 취지는 아동 신체 발달에 따라 도덕교육 및 국민교육의 기초와 생활에 필수적인 보통의 지식 기능을 전수하는 것이다"라고 규정되어 있다. 그리고 조선의 소학교규정 제1조는 "소학교는 아동의 건전한 신체 발달에 유의하고, 국민도덕을 함양하며 국민생활에 필수적인 보통의 지능을 체득시켜 충량한 황국신민을 육성하는 데 힘써야 한다"라고 하여 충량한 황국신민의 육성에 중점을 두었다. 일본과 조선의 내용을 비교해 보면 조선의 교육령이 더욱 천황의 국체에 기반을 두고 있음을 알 수 있다. 즉 천황의 나라 신민이 아닌 조선인을 황국신민으로 개조하기 위해서는 일본보다 더욱 강화된 황민화 교육이 절실했던 것이다.

또한 식민지 조선의 초등교육에서 유의할 점이 있다. 먼저 식민지 조선에서는 일제 패망까지 초등교육을 의무교육으로 실시하지 않았다는 사실이다. 또 하나는 보통학교에는 4년제와 6년제가 있어(1937년 단계에서도 4년제가 약 40%) 조선인의 입학 연령이 제각각이었으며 이 때문에 일본과 달리 초등교육 현장에 중고등교육 단계에 해당하는 연령의 학생들이 존재했다는 점이다.

그럼, 황민화 정책을 적극적으로 추진한 미나미 총독의 일본어 상용 정책에 대해 살펴보자. 미나미 총독은 부임 후 조선총독부의 사무분장을 개정하면서 학무국의 사회과와 분리하여 사회교육과를 신설해 사회교화업무를 전담하도록 하였다. 이는 기존의 학교 교육에 치중하였던 사회 교화교육을 사회 일반으로 확대하겠다는 의미로 일본어 상용화를 더욱 적극적으로 추진하겠다는 의지의 표명이기도 하였다.

1936년 12월 학무국의 편집과 조선인 직원들은 일본어 상용에 관한 합의 사항을 잡지 『조선』(1937년 2월호)에 게재하여 일반 조선인들의 주의를 환기하기도 하였다. 그 내용은 관청 내에서 상호 간 일체 일본어를 사용하고, 일본어를 이해하는 조선인이 조선어를 사용하더라도 일본어로 응대하며, 각자 가정에서도 일본어 사용 기회를 많이 가진다는 것이었다. 이렇게 총독부 내의 조선인 직원의 자발적인 일본어 사용을 끌어낸 미나미는 1937년 2월에는 지방의회에서 회의 시 사용하는 언어를 일본어로 하는 방침에 따라 조선인 통역을 폐지하도록 하였다. 그리고 3월에는 문서과 명의로 전국의 관공서 직원들에게 일본어 사용 통첩을 내렸다. 조선총독부는 일본어 상용화를 위해 솔선해서 모범을 보여야 한다는 논리를 내세워 총독부 행정기관에 근무하는 조선인 관료와 지방의원에 대해 일본어 사용을 강제하였다.

중국에 대한 침략 전쟁을 본격화한 일제는 자국민의 전쟁에 대한 협력과 동원을 원활히 하고자 국민정신총동원운동을 추진하였다. 그리고 약 1년 후 식민지 조선에서도 관제운동인 국민정신총동원운동을 전개하였다. 미나미 총독은 조선에서의 국민정신총동원운동의 목표를 내선일체에 두고, 이를 실현하기 위한 황민화 정책을 조선인 한 사람 한 사람에게 철저하게 침투시키고자 하였다. 일본어 상용운동도 그 일환으로 전개되었다.

1938년 12월에 「국어 전면적 보급에 관한 건」을 결정하고 운동을 추진하였다. 통첩된 내용을 보면 일본어 보급을 "참된 일본 정신을 파악하여 국체에 대한 신념을 견지함으로써 내선일체의 근기가 되게 하는 반도

통치상의 중대 시책"으로 자리매김하게 했다. 즉 일본어 보급 정책은 내선일체의 중요한 방책으로 추진된 것이다. 이러한 관제운동의 전개는 학교 교육을 통한 일본어 보급에 한계를 인식한 일제가 그 대상을 확대한 것으로, 이를 위해 소학교나 간이학교를 중심으로 간이 일본어 강습회를 개최하도록 하였다. 간이 일본어 강습회에 참석이 가능한 자는 11세 이상 30세 이하를 원칙으로 하였다. 그러나 일본어를 해독할 수 있는 조선인이 한 사람도 없는 가정의 경우는 연령과 상관없이 참석하도록 하여 최소한 한 가정에 한 명은 강습회에 참석하여 일본어를 학습하도록 독려하였다.

조선총독부는 1939년 7월에는 전국 각도에 통첩을 내려 직장 단위로 직장 시설을 활용하여 일본어 강습소를 설치하고 일본어 학습 상태를 확인하여 성적에 따라 근무평가에 반영하도록 하였으며 우수자에게는 상을 내리도록 지시하였다.

1941년 3월 일제는 「국민학교 규정」을 공포하였다. 이는 종래의 소학교를 일본과 동일하게 국민학교로 개칭한다는 것이었다. 여기서 국민학교라는 의미는 "일본의 역사적 사명을 감안하여 국민의 기초적 연성을 완성할 수 있는 교육체계를 확립"한다는 것이었다. 이제 교육기관은 충량한 황국신민 양성이라는 목적에서 더 나아가 침략 전쟁을 수행하기 위한 기초적 수단으로 자리매김한 것이다.

또한 기존 국민학교의 교과과정에서 선택 과목으로 그나마 명맥을 유지하고 있었던 조선어를 폐지하여 조선어 말살정책을 노골적으로 추진하였다.

2

태평양전쟁기 일본어 상용정책

    중국과의 전쟁은 계속 이어지고 있었고, 이에 대한 명확한 해결책을 찾지 못한 상태에서 일본제국주의는 1941년 12월 8일 태평양전쟁을 감행하였다. 침략 전쟁의 확대로 인적 및 물적 자원이 한계에 다다르고 있던 1943년 4월 조선총독부는 제4차 조선교육령을 개정하였다.

    조선인을 통제하고 안정적인 식민지 지배를 위한 방편으로 추진되었던 황민화 정책은 일제의 침략 전쟁 확대에 따라 원활한 전쟁 수행을 위한 군사력, 노동력 확보라는 목적 달성을 위해 더욱 강화되었다. 이를 위해 학교교육은 준군사 교육, 노동력 인력 양성이라는 일제의 전쟁 수행의 수단으로 전락해 갔다. 정상적인 교육기관의 기능을 상실하고 그저 일제의 침략 전쟁을 위한 도구가 된 것이었다.

    앞서 언급한 바와 같이 일제는 국민학교 교과과정에서 조선어를 폐지하였으나 더 나아가 이번에는 중등학교 및 사범학교의 교과과정에서도 조선어를 배제하였다. 또한 일본어, 일본 도덕, 일본 지리 등의 과목을 국민과로 통합하여 황국신민 교육에 더욱 치중하였다.

태평양전쟁을 통해 동남아시아 지역으로까지 침략 영역을 확대한 일제는 일본어 사용 보급정책을 더욱 강화하였다. 1942년 4월 도지사 훈시에서 "국어의 보급이 국가의 소장(消長)을 보여주는 문화적 무기라는 것은 저 미, 영, 불어가 외교어, 무역 언어로서 전 세계를 풍미했던 사례로부터 보아도 명확하다 … 오늘날 동아의 맹주, 세계의 지도자가 된 일본 국민은 국가가 나아가는 곳에서는 반드시 국어를 상용하도록 해야 한다"라고 지적하고 있다. 일본어 습득을 단순한 언어 이해나 일상적 편의성 문제에서 한발 더 나아가 일본 정신과 국체를 발양할 수 있는 중요한 수단으로 인식하게 된 것이다. 그런 의미에서 조선총독부는 조선인의 일본어 사용에 더욱 집착하고 강제하게 된다.

그러나 여전히 조선인의 일본어 사용은 저조하였다. 일제가 조선을 식민지화한 지 30여 년이 지났지만 조선인의 일본어 이해 능력은 미미하였다. 다음 〈표 3〉에서 보듯이, 일본어를 이해하는 조선인은 1938년에 약 12%, 1940년에 약 15%에 불과하였다.

〈표 3〉 일본어를 해독하는 조선인 수

연도	인원(명)	비율(%)
1923	712,267	4.08
1928	1,290,241	6.91
1938	2,717,807	12.38
1940	3,573,338	15.57
1943	5,722,448	22.15

출전: 박경식, 1986, 『日本帝國主義의 朝鮮支配』, 청아출판사, 386쪽.

하지만 실질적으로 이해도를 감안한다면 이 수치보다 더 낮은 것이 현실이었다. 성별에서는 남자가 여자보다 일본어 보급률이 높았다.

〈표 4〉 지역별 일본어 보급 현황(1939년)

지역	인원(수)	비율(%)
경기도	501,904	19.38
충청북도	109,156	12.13
충청남도	166,210	10.90
전라북도	170,801	11.07
전라남도	260,623	10.46
경상북도	284,605	11.70
경상남도	377,280	17.08
황해도	206,105	11.96
평안남도	231,445	13.05
평안북도	211,252	12.76
강원도	165,252	10.38
함경남도	206,728	12.40
함경북도	177,671	19.01

출전: 최유리, 1997, 『일제 말기 식민지 지배정책연구』, 국학자료원, 157쪽.

1939년 일본어의 전국 보급률은 13.89%이었지만 지역별로 보면 그 차이는 심각하였다. 〈표 4〉에서 확인할 수 있듯이 경기도가 압도적으로 높았다. 또한 일본과의 오랜 교류와 지역적 근접성에서 경남이 다음으로 높은 수치를 차지하고 있다. 반면 농업 중심 지역인 전라도나 충청도의 경우는 10% 정도에 머물고 있었다.

일본어 상용정책을 파악하는 데 있어 한 가지 유의할 점이 있다. 태평양전쟁기에 들어서면서 조선총독부가 일본어 보급에 더욱 집착하게 된 데는 또 하나의 배경이 있었다. 일본어 상용정책은 미나미 총독의 내선일체 구현을 위한 황민화 정책의 일환으로 추진되었으나 거기에는 조선인 청년을 전쟁 수행의 병력 자원으로 활용하겠다는 정책적 의도가 담겨 있었다.

일제가 조선인을 병력 자원으로 활용하겠다는 구상이 처음으로 구체화된 것이 만주사변 이후 1938년 2월 공포된 지원병 제도이다. 그리고 더 나아가 1944년부터 징병제를 실시하기로 하고, 이를 구체화하는 작업 과정에서 조선인 청년의 일본어 습득은 필수적인 항목이 되었다. 그런 의미에서 이러한 저조한 일본어 보급률은 조선총독부의 정책당국을 당혹스럽게 했다. 일제는 처음에는 식민지 조선에서 지원병 제도를 실시하더라도 실질적인 징병제의 시행은 이러한 조건을 갖추게 되는 장기적인 안목에서 접근하였다. 조선에서 징병제 시행을 검토하고 추진한 조선군은 "조선 교육의 시설을 단호히 개선할 경우에도 향후 50년 내에야 조선의 교육이 궤도에 오를 것"이라 전망했다. 그러나 이 50년은 교육 행정의 운영에 따라 반으로 줄거나 더 단축될 수 있으며, 15년에서 20년 내에 그 목적을 달성할 수 있도록 노력해야 한다는 입장이었다. 따라서 초등학교 교육에서 일본어 습득을 강제하고 이들이 성장하면 일본 제국의 충량한 병력 자원으로 활용하고자 한 것이다. 그러나 일제의 태평양전쟁 돌입과 전선 확대는 조선인 병력 자원의 강제적 동원 시기를 앞당기고 완수해야만 하는 상황에 직면한 것이었다.

이와 같은 위기의식에서 1942년 5월 조선총독부는 국민총력운동으로 소위 '국어전해(全解)운동', 즉 일본어 보급운동을 추진하였다. 이 운동을 구체화하기 위해 국민총력도연맹은 국어전해운동 본부를 설치하고 다시 하부 조직인 각 부군연맹에 지부를 설치하였다. 일본어 보급운동이 학교 교육뿐만 아니라 일본인을 대상으로 하는 국민운동으로 더욱 포괄적이며 광범위하게 전개된 것이다.

국어전해운동의 가장 핵심적인 활동은 일본어 강습회의 개최였다. 일본어 강습회는 학교나 회사를 통한 방법과 애국반을 활용한 두 가지의 방식으로 진행되었다. 국민운동으로 전개된 일본어 보급운동은 기존의 학교 중심의 강습회에서 그 공간을 가정으로까지 확장하였다. 즉 국민 조직의 최소 단위인 애국반을 통한 일본어 강습회는 여러 면에서 학교 중심의 강습회와 차별화할 수 있었다. 애국반을 중심으로 한 일본어 강습회는 인원이 소수이고 거리가 가까워 참가 독려가 용이하였다. 또한 전문적인 강사가 아니더라도 반원 중 일본어가 가능한 자가 가르치면 되기에 경비 면에서도 효율적이었다. 그리고 무엇보다 애국반 자체가 상호 교류가 있는 이웃이라서 설령 일본어가 다소 미숙하여도 보다 친밀한 환경에서 일본어 습득이 가능할 것으로 기대했다. 그러나 무엇보다 애국반을 통한 일본어 강습회의 목적은 조선인의 일거수일투족을 감시할 수 있는 애국반을 십분 활용하여 뒤떨어지고 있는 일본어의 능력을 함양하고자 한 것이다.

일본어 학습은 우선 애국반의 애국반장을 통해 반원 중 일본어를 이해하지 못하는 자들을 조사하여 이들의 성명, 강습회 장소, 기간, 강사 등을 보고하고, 강습회 계획을 보고하도록 하여 상부의 관리 통제 감시 하에 실시되었다. 또한 애국반이 실시한 일본어 강습회에 참가하지 않는 자들은 배급에서 배제하고, 반대로 일본어 습득에 열성적인 자들은 배급을 배려해 주는 식으로 차별을 두었다. 이러한 방침은 결과적으로 조선인들의 생존과도 직결될 수 있는 심각한 문제였고, 조선총독부는 이를 악용한 것이다. 더불어 일본어 강습에 불참하거나 비협조적인 조선인은 경찰관서로 호출하여 엄중히 경고하는 등 일본어 습득과 관련하여 조선총독부의 태도는 한층 강제적이며 강압적이었다.

조선총독부가 국어전해운동으로 추진한 또 다른 정책은 표창이었다. 일본어 강습회를 수료한 자들에게는 국어전해 마크를 패용하도록 하였으며, 일본어를 이해할 수 있는 가정에 대해서는 표창하였다. 이러한 행위를 통해 조선인들 간의 경쟁심을 유발하거나 일본어 습득을 마친 가정의 자제들에게는 학교 교육의 우선권을 부여하는 등의 혜택을 주면서 조선인의 일본어 습득을 종용하였다.

1942년 5월 일본 각의에서 식민지 조선에서의 징병제 실시(1944년)가 결정되자 조선총독부는 1942년 10월 「조선청년특별연성령」을 공포하였다. 이는 적령기의 조선 청년으로 보통학교 교육을 받지 못한 이들을 대상으로 하였다. 1944년 시행 예정인 징병 대상자의 약 46%가 미취학자로 예상되는 현실을 반영한 것이었다. 훈련 단계에 따라 연성소를 설치하였으며, 연성 기간은 약 1년으로 총 600시간의 연성 시간 중 400시간의 학과 교육이 이루어졌다. 학과 수업에서 초등학교 저학년 수준의 일본어 습득을 목표로 교육이 추진되었다. 1944년에는 「조선여자청년연성소 규정」을 공포하여 여성에게도 남성 청년과 같은 일본어 강습이 강제되었다.

조선총독부의 일본어 상용정책에도 불구하고 일본어를 이해할 수 있는 조선인이라 하더라도 그들이 일본어를 사용하는 것은 일본인과 대화할 때이며, 오히려 일상생활에서는 일본어를 사용하지 않는 경우가 허다하였다. 학생들 또한 학교 내에서는 일본어를 사용하지만 학교 밖으로 나가면 일본어를 잘 사용하지 않았다.

　이에 대해 조선총독부는 일본어 사용을 장려하고 반대로 사용하지 않는 조선인에 대한 탄압을 강화하였다. 학교에서 일본어를 사용하지 않으면 벌금을 물도록 하였다. 학교에서 매주 초에 '국어표'를 나눠주고 학생이 무의식중에 조선어를 사용하면 딱지를 하나씩 회수하여 주말에 그 수를 판정하여 조선어를 가장 많이 사용한 학생에게 체벌을 가하기도 하였다. 또한 제4차 조선교육령이 시행되는 시기의 초등학교 1학년 학생들은 반드시 일본인이 담당하도록 하여 입학 초기부터 일본어를 사용하도록 철저하게 지도하고 통제하였다.

　관공서, 상점 등에서도 직원들이 일본어를 사용하도록 하고 이를 어길 시는 벌금을 부과하였다. 또한 일본어를 사용하지 않는 조선인에 대해서는 응대하지 않고 조선어로 전화를 걸어 상담하는 경우 "상대방이 국어를 이해하거나 이해하지 못하거나 상관없이 국어를 사용하지 않으면 일절 받지 말고, 또 진정은 국어를 사용하지 않으면 일절 접수하지 않도록" 하였으며, 우체국에서도 조선어를 사용하면 우편을 취급하지 않았다. 조선총독부는 이런 방법으로 일본어를 사용하지 않으면 일상생활에 지장을 초래하도록 조치하여, 조선인의 일본어 사용을 강제하였다.

3
조선어 말살정책

    조선총독부는 조선인이 일본어를 일상생활 속에서 자유롭게 사용하도록 종용했을 뿐만 아니라 조선인의 언어인 조선어를 말살하려고 교묘하고 불공정한 수단과 정책을 획책하였다.

    미나미 총독이 부임하여 제정한 제3차 조선교육령에서는 조선어를 수의과목으로 변경하고 수업 시간마저 감소시켰다. 수의과목은 교장이 자의적으로 선택할 수 있었는데 당시 대부분의 교장은 일본인이어서 조선어를 선택하지 않았다. 실질적으로 조선어 폐지의 효과를 노린 것이다. 조선총독부가 조선어를 폐지하지 않고 굳이 수의과목으로나마 존치한 것은 폐지 시 예상되는 조선인의 반발을 감안한 것이었다. 그렇다고 하여도 수의과목으로 변경함에 따라 사실상 조선어 교육은 많은 타격을 받았다.

    이러한 조선어 말살정책은 친일 조선인을 전면에 내세워 그들이 조선어 폐지를 선동하도록 하였다. 조선총독부에 의한 조선어 말살정책은 중일전쟁기에는 상당히 교묘하게 추진되었다. 친일 인물인 현영섭(玄永燮)은 1939년 7월 미나미 총독과의 면담에서 조선어 사용 폐지를 강력히 주장하였다. 이에 대해 미나미는 "조선어를 배척함은 불가한 일이다. 가급적 국어를 보급하는 것은 가능한 일이며, 국어 보급운동도 조선어 폐지 운동으로 오해를 받는 일이 종종 있다. 즉 그것은 불가한 일이다"라고 화답하였다. 얼핏 조선어 폐지에 신중한 태도를 취하고 있는 모양새이지만 이는 표면적으로 조선총독부가 전면에 나서서 조선에 폐지를 강행하는 것이 아니라 조선인 스스로가 이를 자발적, 적극적으로 추진하는 형태를 취해 조선인의 반발을 최소화하려는 의도였다. 그러나 이러한 조선총독부의 기만적인 정책도 중일전쟁의 장기화와 새로운 침략 전쟁인 태평양전쟁의 개전을 계기로 태도를 전환하고 노골적으로 조선어 사용 금지, 폐지를 강행하였다.

1941년 국민학교 규정을 공포하여 조선어를 국민학교 교육과정에서 폐지하였다. 그리고 1943년 제4차 조선교육령에서는 중등학교 및 사범학교에서 조선어 교육을 폐지하고 교육현장에서 조선어 교육을 부정하였다.

한편 조선어로 발행되는 신문은 총독부에 우호적이든 비판적이든 조선어로 발행되고 읽히는 것 자체가 조선총독부에는 큰 장애였다. 총독부는 이를 내선일체와 황민화에 걸림돌로 보고 장애를 제거하기 위해 구체적인 조치를 취했다.

조선총독부는 미나미 총독의 부임 직후 베를린 올림픽에 참가했던 손기정 선수의 시상식 사진에서 일장기를 지우고 보도한 일장기 말소사건을 핑계로 『조선중앙일보』와 『동아일보』를 무기한 정간시켰다. 1년 후 두 신문의 복간을 허락하였으나 결국 『조선중앙일보』는 복간하지 못하였다. 이에 식민지 조선에서는 조선어 중앙지로 『동아일보』와 『조선일보』, 그리고 조선총독부의 『매일신보』와 일본어로 간행되는 『경성일보』만이 존속하게 되었다.

중일전쟁 이후 『동아일보』와 『조선일보』는 그 성격이 많이 변질되어 총독부의 식민정책에 크게 저해되는 보도는 하지 않았다. 그럼에도 『조선일보』와 『동아일보』는 조선인이 운영하며 조선어로 발행되는 민족지라는 상징성이 있었으며, 당시는 조선총독부의 지시 통제에 순응하고 있지만 언제든지 다시 민족성을 고취할 민족지로 변화할 수 있는 개연성이 다분히 있었기에 조선총독부 입장에서는 그 존재 자체를 황민화정책에 방해되는 저해 요소로 판단하였다.

1940년 1월 일제는 『동아일보』와 『조선일보』에 대해 『매일신보』와 통합하고 폐간하도록 압력을 가하였다. 이에 『동아일보』와 『조선일보』는 반대를 표명하였다. 그러자 일제는 『동아일보』의 경리 부정 사건을 조작하여 독립운동자금과의 관련성을 지적하며 신문사 간부 등을 체포하며 더욱 압력을 가하였다. 결국 『동아일보』와 『조선일보』는 1940년 8월 폐간할 수밖에 없었다.

조선어로 발행되는 신문뿐 아니라 잡지에 대해서도 조치를 취하였다. 1941년 조선어 잡지인 『문장』, 『인문평론』 등 21종의 조선어 잡지를 폐간하였다.

이처럼 조선어로 발행되고 읽혔던 신문이나 간행물에 그치지 않고 일제는 조선어 자체의 존립 자체를 부정하고 말살하고자 하였다. 조선

〈그림 6〉 조선어 표준어 사정위원회 1독 회 종료 후 현충원을 참배한 조선어학회 위원들
– 출처: 국사편찬위원회 우리역사넷, 한글학회.

어 신문과 잡지를 폐간시킨 조선총독부는 이에 만족하지 않고, 조선어에 대한 언어 연구조차 방해하였다. 이를 위해 사건을 조작하여 조선어 연구단체인 조선어학회를 해체하고, 조선 언어 연구자들을 투옥하고 탄압하였다.

1942년 3월 조선어학회 기관지인 『한글』을 폐간하여 조선어의 연구조차도 금하였다. 또한 조선어학회 관련자를 치안유지법을 적용하여 검거하는 등 조선어의 명맥을 끊어버리고자 획책하였다.

당시 조선어학회는 『조선말큰사전』 편찬 사업을 추진하고 있었다. 조선총독부는 이를 방해하고 탄압하고자 관련 연구자들을 하나둘씩 잡아들여 고문하고 허위 자백을 강요하였다. 또한 오랜 시간에 걸쳐 정리한

『조선말큰사전』의 원고 약 3만 2,000장과 20여 만 장에 달하는 어휘 카드를 압수하여 조선어 사전 편찬을 원천적으로 봉쇄하였다. 연구자들을 투옥하고 고문을 가하여 그중 고문 후유증으로 이윤재, 한징이 옥사하였다.

일제는 치안유지법을 조선어학회 관련자에게 적용하였다. 판결문에는 "운동은 조선 어문에 쏠리는 조선 인심의 동향에 잘 맞아서 그 마음속에 깊이 파고들어 조선 어문에 대한 새로운 관심을 일으켜서 다년간에 걸쳐 편협한 민족 관념을 배양했으며 민족문화의 향상, 민족의식의 앙양 등 그 기도한 바가 조선 독립을 위한 실력 신장의 수단을 다하지 않은 바가 없었다"라고 적시하고 있다. 일제는 조선어를 통해 조선인의 민족성과 얼이 담보되고 그 정체성이 세대 간으로 계승되는 것을 원천적으로 봉쇄하고자 조선어 말살에 수단과 방법을 가리지 않았던 것이다.

조선의 주권을 강제로 침탈한 일제는 병합 초기에는 식민지 조선에서 일본어 강제에 대해서는 소극적이었다. 여기에는 두 가지 배경이 있다고 본다. 하나는 일제는 교육을 통해 조선인을 일본인보다 우수한 인재로 양성할 의도가 없었다. 그저 일본인의 충실한 하수인으로 기능적인 기술을 습득하고 가장 저변에 있는 일들을 처리할 수 있는 정도의 능력만 있으면 된다고 보았다. 이러한 일제의 인식은 기본적으로 조선인에 대한 전반적인 교육에 있어 미온적인 태도를 취하게 한 것이라 할 수 있다. 또 하나는 민족 간의 갈등을 야기할 수 있다는 점이다. 언어는 그 민족의 정체성으로 조선인을 담보받는 마지막 보루였다. 일제가 조선을 식민지로 삼고 지배하면서 섣불리 조선인의 언어를 부정하고 말살하려고 한다면 조선인의 큰 저항을 불러올 것이며, 식민지 지배 치안 문제상 여러모로 신중을 기해야 할 사안이었다.

그러나 이러한 조선총독부의 인식은 미나미 총독의 부임으로 큰 전환점을 맞이하게 되었다. 내선일체를 식민지 통치의 이념으로 표방한 상황에서 조선인의 일본어 습득은 황민화 프로세스에서 반드시 거쳐야 할 과정이었기 때문이다. 이후 일본어 보급 정책은 두 가지의 특징을 나타내고 있다. 하나는 기존의 일본어 교육은 기본적으로 학교 교육이라는 틀 안에서 추진되었다. 이는 결과적으로 대상이 제한적일 뿐 아니라 일제가 목표로 하는 것을 이루기 위해서는 더욱 많은 시간을 소요할 수밖에 없었다. 이에 조선총독부는 일본어 사용을 교육 현장뿐만 아니라 일반 일상생활 속에서 사용하도록 그 대상과 범위를 확장하고 또한 이를 관제운동이라는 강제적 수단을 활용하고 이를 관철하고자 한 점이다. 더욱 일본어 사용을 확대 적용하는 것에 멈추지 않고 조선어 사용에 대한 탄압과 말살 정책을 병행한 사실이다. 이러한 양면적 정책으로 일제는 조선인의 정체성을 담보하고 있었던 언어를 빼앗고 그들의 충량한 신민으로 만들기 위해 획책하였다.

IV

일본식 이름의 일상화

1
창씨개명 제도

    조선을 병합한 일본은 이에(家)제도를 근간으로 하고 있었다. 반면 조선은 혈연을 중시하여 외부에서 다른 혈족이 오면 이를 자신들의 혈족으로 받아들이지 않고 배타적으로 대하였다. 이에 반해 일본은 혈연보다 공간을 중시하였다. 따라서 설령 혈족이 다르더라도 같은 공간에서 거주하며 친족을 구성하는 이들에게는 같은 성씨를 부여하여 동질감과 구속력을 담보 받고자 하였다. 이를 이에제도라 한다. 따라서 결혼한 여성은 미혼 때 자신의 씨(氏)를 버리고 결혼한 이에(家)의 씨를 따라야 한다. 예를 들면 결혼 전 야마다 아케미는 신랑이 야마모토라면 결혼 후에는 야마모토 아케미로 바뀌는 것이다.

    사실 이러한 일본의 이에제도가 성립된 것은 천황과 그 측근이 무사정권을 무너뜨리고 정권을 장악한 메이지유신 이후의 일이다. 일본적 씨 제도가 법으로 제도화되는 1898년 민법이 제정되면서부터다. 그 이

전에는 부부별성(夫婦別姓)이 일반적이었으며 호주에게 큰 권한을 부여하였다. 그리고 이러한 이에를 통해 구성원 개인을 통제할 수 있는 시스템을 구축한 것이다. 즉 저변에는 호주를 중심으로 이에가 통제되고, 그 최상위 정점에 천황이 자리매김하는 일원적인 지배시스템인 국가체제를 구축하고 있었다. 창씨개명(創氏改名)이란 조선의 성(姓)을 중심으로 한 문중제도를 변경하여 천황의 지배 통치에 순응하는 최하위의 구성원으로 조선인을 재구축하자는 점에 있었다. 이를 위해 조선식 성(姓)을 폐지하고 일본식 씨(氏)를 창출하고자 하는 것이 이 제도의 본질이었다.

조선총독부는 어떤 논리로 창씨개명을 정당화하였을까? 창씨개명을 강제하는 데 조선총독부는 역사적 배경으로 그 정당성을 주장하였다. 법무국장 미야모토 하지메(宮本元)는 강연에서 "야마토 민족과 반도 민족과는 동조동근의 혈연적 필연성으로 굳게 맺어져 있다 … 옛날 내지로 건너와서 내지인식으로 씨를 부른 다수의 반도인이 완전히 야마토 민족과 융합하여 오늘에 이르러서는 추호도 조선인의 후예라는 흔적을 남기지 않을 정도로 황국신민"이 되었다며 창씨의 당위성을 주장하였다. 그리고 또 하나의 근거로 제시한 것이 중국에 대한 모방에서 벗어나 조선의 것을 되찾는 길이라는 논리였다. 잡지『녹기(綠旗)』(1940년 3월)에서 조선은 "자기를 잊어버리고 지나(支那)를 흉내냈다. 지금까지 조선인의 성명은 대부분 지나적인 것으로, 이번에 내지인식 씨명을 자기 이름으로 댈 수 있도록 허락한 것은 예로부터 전해온 지나적인 것에 대한 하나의 반성"이라고 중국적 문화에서 탈피할 것을 강조하였다.

또한 조선총독부는 이러한 정책이 자신들이 의도한 것이 아니라 조선인들의 열렬한 희망에 부응한 논리라고 교묘하게 포장하였다. 총독부 법무국에는 1년에 10통 정도 이름을 일본식으로 바꿔 달라는 투서가 온다고 주장하였다. 당시 조선인 인구는 약 2,300만 명 정도였다.

그렇다면 조성총독부의 창씨개명 의도는 무엇이었을까? 미나미 총독은 창씨개명에 대해 1940년 6월 중앙조선협회 오찬 모임에서 "조상 중심주의는 우리의 황실 중심주의와 서로 어울리지 않기 때문에 황실 중심주의 사상에 의지하는 씨 제도를 창설하여 참된 의미에서 내선일체의 결실을 거두는 것이 주지다"라고 언급하였다. 또한 잡지에 기고한 글에서 "반도인에게 이러한 혈통주의에 탈각하여 국가 중심의 관념을 배양하고 천황을 중심으로 하는 국체의 본의에 철저하도록 한다는 취지 아래 금년 황기 2600년(1940년)의 기원절을 계기로 하여 씨를 짓는 것을 허용하게 됐다"라고 지적하고 있듯이 일제의 창씨개명의 목적은 천황의 충량한 신민으로 조선인을 개조하고, 이를 통해 천황에 대한 충성심의 발현을 기대한 것이었다.

1912년에 공포된 「조선민사령」에서는 조선의 가족제도에 대해 관습에 따른다고 규정하여 일본식 가족제도를 도입하지는 않았다. 여기서 조선의 관습에 따른다는 것은 예를 들면 동성동본의 혼인을 금지한다든가, 이성의 양자를 금한다든가, 성은 일생 변화하지 않는다 등이 관습으로 간주되었다. 그러나 조선총독부는 천황을 정점으로 종가로 하고, 그 아래 각 신민은 분가라는 논리를 취하고 있었던 일본의 가족제도와 달리 혈연관계로 종족집단을 중시하는 조선의 가족제도가 천황에 의한 지배를 불안정하게 할 수 있는 요소로 인식하였다.

조선총독부는 1923년 제2차 조선민사령 개정을 통해 호적제도를 일본과 같도록 정비하였다. 일본처럼 이에 단위의 호적 망을 정비함으로써 형식적으로는 이미 일본의 이에제도가 이입되었다.

1937년 4월에 '사법개정조사회' 훈령이 공포되고, 창씨개명을 목적으로 하는 조선민사령 개정 작업이 개시되었다. 조사회는 조선민사령 개정 작업을 위한 조사 및 검토를 목적으로 하였다. 정무총감이 위원장으로 법무국장, 과원, 재판소 판사, 검사국 직원과 조선인은 중추원 참의가 두 명 참가하였다. 기본적으로 친일적 조선인은 구색 맞추기에 불과하고 일제의 의향대로 조선의 가족제도를 변경하기 위한 구체적 작업이 개시된 것이다.

창씨(創氏)란 새로이 씨를 창설하고, 개명은 이름을 바꾼다는 의미다. 여기에서 조선총독부가 주안점을 둔 것은 식민지 조선에 없는 씨를 확립하는 창씨였으며, 이와 병행하여 개명, 즉 일본식 이름으로 변경을 유도하였다.

이를 위해 조선총독부는 1939년 11월 제령 제19호로 「조선민사령중개정 건」, 제령 제20호로 「조선인의 씨명에 관한 건」을 공포하였다. 총독부의 법률인 제령 19호로 공포된 조선민사령의 개정의 중요한 목적은 일본의 가족제도인 씨를 조선인 이름으로 사용한다는 것으로 새로이 씨를 만든다고 해서 창씨라고 하였다. 다만 호적상 기존의 조선인 이름인 성이나 본은 사라지는 것이 아니라 호적에 그대로 남겨두고 일본식 씨명이 주가 되어 새로운 사회적 통용 이름으로 사용한다는 것이다.

그리고 제령 제20호는 새롭게 만든 씨와 종래 사용해 온 명(名)인 이름을 적당한 사유가 있을 경우 변경을 허락한다는 내용이었다. 적당한 사유란 바로 조선식에서 일본식으로 창씨하고 명을 바꾸는 개명을 허락한다는 것이다. 이와 같이 제령 19호의 씨의 창씨와 20호에 의한 개씨, 개명에 관한 정책을 통상 창씨개명이라고 한다. 제도상으로 창씨는 신고해야 하는 의무이며, 반면 개명은 임의적으로 허가를 받는 형식을 취하였다.

 이러한 창씨개명은 조선인의 이름을 일본식 이름으로 강요한 난폭하고 폭력적인 정책일 뿐 아니라 그 이면에는 단순하지 않은 교활한 장치가 설계된 것이었다. 창씨개명의 본질에 더욱 접근하기 위해 제도적 구조에 대해 좀 더 살펴보자.

 조선의 성과 일본의 씨는 성격을 전혀 달리하는 제도였다. 일본의 씨(氏)제도와 조선의 성(姓)제도의 근본적인 차이는 양국 가족제도의 상이점에서 기인하였다. 이러한 기본적 차이를 이해하지 못한 오해로 제도 시행 초기에 많은 혼란을 야기하였다. 1939년 11월 2개의 제령을 신문에서 창씨가 단순한 성의 변경이라고 보도하면서 조선인들은 조상 대대로 내려온 성이 바뀐다며 동요하였다. 이에 조선총독부는 동요하는 조선인에게 설명하는 데 주력하였다. 국민정신총동원연맹이 발행하는 기관지인 『총동원』(1939년 12월호)에 조선총독부 법무국의 이와시마 하지메는 씨제도 창설로 성(姓)이 없어지느냐는 질문에 대해 "성이 소멸된다든가, 개성이 된다든가 하는 것은 터무니없는 오해다"라며 성에는 어떠한 영향도 없다고 밝히고 있다.

 일본의 씨는 이에(家)의 호칭으로 혼인으로 이에가 변하므로 씨가 변경된다. 반면 조선은 부계 중심의 혈족 집단으로 그 구별을 일족의 시조를 표시하는 본(本)과 성으로 한다. 또한 이러한 자신이 혼인하더라도 아이덴티티를 대외적으로 나타내는 성은(본과 성)은 기본적으로 일생 변하지 않으며, 동족인 동성동본은 혼인할 수 없다. 따라서 혼인으로 호적이 변하더라도 성은 변하지 않는다.

창씨개명은 조선에서 전해 내려온 이러한 가족제도를 일본화하려는 것으로 단순히 이름만을 일본화하겠다는 것이 아니었다. 표상적인 이름만이 아니라 조선의 본질성에 메스를 대어 그 내부 구조를 일본화하겠다는 의도가 내포된 정책이었다.

그렇다면 민사령 개정의 내용에 대해 살펴보자.「조선민사령중 개정건」중 제11조에 의하면 "씨에 관한 규정은 조선의 관습법에 따르지 않고 내지 민법을 따른다. 씨는 호주가 정한다"로, 여기서 규정하고 있는 내지의 민법 제746조에는 "호주 및 가족은 이에의 씨를 칭한다"라고 규정되어 있다. 결국 조선총독부는 조선에 관습법적으로 내려온 성을 관습법보다 법적 효력이 강한 성문법인 일본 민법의 규정에 따르도록 하여 일본인 씨와 명을 갖도록 법적으로 명문화하였다.

또한 이를 직접 실천에 옮기기 위해 법적으로 조치를 취하였다. 제령 제19호 부칙 제2항에 "조선인 호주는 이 법령 시행 후 6개월 이내(1940년 2월 11일부터 8월 10일까지) 새로운 씨를 정하여 부윤 또는 읍면장에게 신청할 것을 요한다"라고 하여 법령 시행 6개월 이내에 신청하도록 하였다. 해외 거주자는 그 지역 영사에게, 일본에 거주하는 이는 시정촌장에게 신청하도록 하였다. 이렇게 호주에 의해 신청하는 것을 씨 설정계라고 하고, 이를 설정(設定) 창씨라 하였다.

그리고 부칙 제3항에는 "전항의 규정에 따라 제출하지 않는 경우 이 법령이 시행된 때 당시 호주의 성을 가지고 씨로 삼는다"라고 하여 자발적으로 창씨하지 않는 조선인을 감안하여 조선총독부가 법적으로 창씨를 할 수 있는 조건을 만들어 놓았다. 이를 법정(法定) 창씨라고 하였다.

그리고 조선총독부령 221호 제3조에는 "제령 제19호 부칙 제3항(6개월 내 씨설정계를 내지 않을 때는 호주의 성이 자동으로 씨가 된다는 법정 창씨) 규정에 따라 호주의 성을 가지고 씨로 한 경우 호적 기재는 정정된 것으로 간주한다"라고 규정하여 6개월 후 예상되는 강제적 법정 창씨에 따른 업무 폭주를 미연에 방지하고자 한 대책이었다.

창씨개명의 의도가 엿보이는 또 하나의 대목은 제령 제20호 제1조를 통해 천황 관련 호칭은 일절 씨로 사용하지 못하도록 한 점이다. 이에 대해 조선총독부는 통첩을 내리고 "어역대(御歷代)의 추호(追號), 황족의 궁호(宮號), 왕공족의 칭호, 현저한 신궁 또는 신사 이름, 황실의 유서 깊은 이에, 역사상이나 현대 공신의 씨" 등은 수리하지 않도록 하였다. 천황과 관련된 호칭을 사용하는 것은 분수를 모르는 불경한 행위로 간주했기 때문이었다.

또한 제령 제20호 제1조에는 자신의 성 이외의 성을 씨로 사용할 수 없도록 규정하였다. 예를 들면 성이 김인 조선인이 이나 박으로 씨를 창설할 수 없다는 것이다. 이에 대해 조선총독부는 이러한 행위는 의미가 없으며 오히려 혼란을 야기할 수 있다는 것을 표면적 이유로 설명하였다. 그러나 실은 앞서 설명한 바와 같이 기본적으로 설정 창씨를 할 경우에 일본식 씨를 사용하도록 한 교묘한 방법이었다. 결과적으로 자발적으로 설정 창씨를 한 경우는 일본식 씨를 사용할 수밖에 없는 구조를 조선총독부가 만들어 놓은 것이다. 설령 설정 창씨를 하지 않더라도 6개월이 지나면 기존의 성은 그대로 일본식 씨가 되고, 이를 조선총독부는 남(南)

은 미나미, 오(吳)는 구레, 이런 일본식으로 호칭하면 된다고 본 것이다.

이런 조선총독부의 창씨개명 정책에 대하여 조선인은 다양한 유형의 대응을 하였다. 첫 번째는 씨 설정계를 내지 않고 개씨, 개명도 하지 않는 사람이다. 호주의 성이 그대로 법정 창씨가 되는 경우로, 단 이 경우 부인은 같은 씨가 된다. 가장 창씨에 반대하거나 소극적인 부류에 속한다. 두 번째는 6개월 내 씨 설정계를 내지만 개명은 하지 않는 사람들이다. 씨만 일본식으로 될 뿐 이름은 그대로다. 일제의 압력에 조선인이 선택할 수 있는 가장 일반적인 방법이었다. 세 번째로는 씨 설정계를 내지 않았지만 나중에 개씨는 하고 개명은 하지 않는다. 네 번째는 씨 설정계를 내고 개명도 하였다. 다섯 번째는 씨 설정계는 내지 않았지만 개씨와 개명을 하였다. 이상의 유형에서 볼 수 있듯이 조선인이 어떠한 대응을 하던 결국 일본의 이에제도로 변형될 수밖에 없는 구조였다.

〈표 5〉 설정한 씨의 유래(%)

성을 따른 것	20
본관을 따른 것	10
조상의 칭호를 따른 것	5
성 그대로	5
연고가 있는 지명을 따른 것	3
내지인의 씨를 본뜻 것	35
숭배하는 인물의 칭호와 관계가 있는 것	2
기타	20

출전: 미즈노 나오키, 정선태 역, 2008, 『창씨개명』, 도서출판 산처럼, 209쪽.

실제 조선인들은 어떠한 형태로 창씨를 했을까. 『경성일보』 1941년 8월 12일 자에 경성부청 용산출장소 관내에서 창씨를 한 7,641호의 창씨 방법을 조사하여 보도하였다. 〈표 5〉는 이 보도를 기초로 추측한 것으로 항목 중 내지인과 숭배하는 인물 항목은 기본적으로 일본인을 상정하고 있어 일본인 풍의 창씨는 약 37% 정도였다고 볼 수 있다.

2

창씨개명의 추진

　1939년에 개정된 조선민사령에 의한 창씨 신고는 1940년 2월 11일부터 접수를 개시하였다. 조선총독부의 어용신문인 『경성일보』는 당일 기사에서 "마침내 11일 … 학수고대해 온 창씨의 날이다. 이미 만반의 준비를 갖추고 오늘을 학수고대하고 있던 사람들은 각자 숙고하고 숙고한 끝에 결정한 새로운 씨를 떳떳하게 밝히는 바이다 … 조선 전역의 부읍면 사무소에서는 오전 9시에 일제히 접수를 개시했다. 경성부 호적과에서는 관내에 창씨상담소를 설치하여 오과장이 직접 상담소장이 되고 서기 3명을 붙여 이같이 기쁜 상담업무에 나섰다"라고 대대적으로 선전에 나섰지만, 당일 신청은 48건에 불과했다.

けふぞ晴の創氏の日

いよいよ十一日、け紀元の佳節は二千六百年の與隆をねぎ華ぐ佳き日であると同時に窮屈してやまなかった夕創氏の日々だ、既に早耳のひいてけふを待ちかねてゐた人は、それ／＼腹案の末心ぎめした新しき氏を下げて千三百萬半島同胞にとっては寄園二千六百年の興隆をねぎ華ぐ佳き日である名乗り出るのだ、『祭典になづんで笑はれるな、わが新らしき氏はけふで開けるのだ』と愈に氏設定銀を改めて一族團談の設宴の席蘊だ、この日は皆が大祭日で休みだが、この光榮の日にさうだ、なほ八月十日で一應受付を終ることになってゐる京城府聯盟輯談所では諄内に『創氏相談』を設けて、愛讀者自らがこの嬉しい相續相手になることになった、なほ八月十日で一應受付を終ることになってゐる鮮胞各廰事務所では午前九時一齊に受付を開始する

【寫眞＝きのふ府廳で】

本社兩記者も創氏に名乗り

〈그림 7〉 1939년 개정된 조선민사령에 의한 창씨 신고 접수 개시
— 출처: 『경성일보』 1940년 2월 11일 자

〈표 6〉과 같이 창씨개명 접수를 시작한 1940년 2월에는 신청한 호수가 1만 5,746호로 전체의 0.4%에 불과하였다. 3월에도 1.5%로 저조하였으나 후반부 3개월 동안에는 약 300만 호를 신청하게 하여 최종적으로는 창씨 신청 비율이 80.3%에 달하였다. 반면 개명한 조선인은 약 10%에 불과하였다.

〈표 6〉 월별 씨 설정 건수

월	각 월 신고 건수	실재 호적 수에 대한 비율(%)
2월(11일부터)	15,746	0.4
3월	45,833	1.5
4월	95,495	3.9
5월	343,766	12.5
6월	580,724	27.0
7월	1,071,829	53.7
8월	1,067,300	80.3

출전: 미즈노 나오키, 정선태 역, 2008, 『창씨개명』, 도서출판 산처럼, 92쪽.

그럼 창씨 초기 이른 시기에 자발적으로 창씨를 신청한 조선인 직업군의 양상을 보자. 초기인 2월 11일에서 20일 사이에 신청한 조선인의 직업군을 보면, 1위는 수산업, 2위는 교통업, 3위는 광업, 4위는 공무 자유업, 5위는 상업, 6위는 공업, 7위는 무직으로 실업자가 아니라 연금 수급자, 소작료, 지대, 임대료 기타 등의 수입에 의존하는 자들이다. 8위는 농업, 9위는 기타 분야 종사자이다.

이들을 살펴보면 초기에 적극적으로 신청한 자들의 몇 가지 특징을 알 수 있다. 직업상 일본인과의 거래나 계약 등 관계를 맺지 않으면 안

되는 직업군이다. 재래적인 분야보다 근대적인 분야에 종사하는 직업군이다. 계층적으로는 비교적 지도자인 지위에 있는 자들의 지원이 높았다.

창씨개명 정책 추진 초기에 미나미 총독이 "반도 민중에게 내지인식 씨 설정을 강제하는 성질의 것은 아니고, 내지적 씨를 정할 수 있는 길을 열었을 뿐"이라며 비교적 여유롭게 시작한 창씨 신청 접수였다. 그러나 6개월의 반인 3개월이 지나도록 여전히 신청이 저조하자 총독부는 더욱 강력하게 정책을 추진하며 창씨를 강제하였다. 『총동원』(1940년 7월호)에서 "우리들은 목숨까지 황국에 바친다. 창씨 등 쉬운 것은 깊이 생각하지 말고 하루라도 빨리 창씨 신고하는 것이 마땅하다고 생각한다"라며 강한 어조로 창씨 신고를 강요하였다.

조선총독부는 창씨 신청을 적극 독려하기 위해 신문에 총독 담화나 법무국장의 기사를 싣고 라디오나 팸플릿을 제작하여 각종 교화 단체나 부읍면 등에 송부하였다.

또한 조선총독부는 국민정신총동원운동을 적극 활용하여 창씨 신청을 독려하고, 친일인물을 전면에 내세워 선전활동을 강화하는 등 강력하게 추진하였다. 총독부는 우선 친일 지식인의 솔선수범을 독려하고자 중추원 참의들에게 압력을 가했다. 초기에는 30~40% 정도만이 창씨에 동의하였지만 결국 총독부의 압력에 65명 중 56명이 창씨를 하였다. 지방의회인 도회와 부회의 의원들에게도 창씨를 종용하였다. 그리고 관공서에 근무하는 조선인 직원, 경찰관, 학교 교원 등에게도 솔선해서 창씨하도록 하였다.

일제는 창씨를 여러 형태와 방법으로 독려하는 한편, 신청 거부자에 대해서는 불이익을 가하도록 유도하였다. 조선총독부는 여러 부당한 방법으로 창씨개명을 강요하였다. 예를 들면 창씨를 하지 않으면 자녀의 입학이나 진학을 할 수 없도록 하였다. 창씨를 하지 않는 아동에 대해서는 교사가 이유 없이 질타와 구타를 하여 아동이 부모에게 창씨를 종용하도록 유도하였다. 창씨를 하지 않는 자는 총독부나 관청에서 채용하지 않고, 재직자는 파면하도록 하였다. 창씨를 하지 않는 자에 대해서는 행정기관에서 행정 업무를 일절 취급하지 않았다. 경찰은 창씨를 하지 않는 조선인을 불온한 인물로 간주하고 감시와 창씨를 독려하였다. 또한 노무동원에 우선 징용하거나 물자 보급에서 배제하는 등 차별적 대우를 하였다. 창씨하지 않는 사람의 이름이 적혀 있는 수하물은 취급하지 않았다.

이상과 같이 교묘한 제도적 구조와 강압적인 시책으로 점철된 창씨개명 정책은 조선총독부가 의미를 부여하였듯이 "내선일체의 완성"이었다. 미나미 총독은 창씨개명의 시행에 있어 발표한 담화에서 "내선일체운동을 위해 몇 가지 해결해야 할 문제가 있지만 내지인과 조선인의 씨명을 구별할 수 없게 되는 것은 내선일체의 진전을 위해 가장 유력한 방법의 하나 … 내지사회와 같은 씨를 가지고, 고래로부터 써온 전통적인 씨의 이념 속에서 살며 천황 중심의 가정 건설에 매진하는 조선, 거기에 내선일체는 무언중에 성취할 수 있다"라며 창씨개명을 통해 내선일체를 실현할 수 있음을 강조하였다.

다만 여기서 우리가 유의해야 할 것은 창씨개명이 1939년에 이르러 갑자기 조선 사회에 대두된 것은 아니었다는 것이다. 조선총독부 법무국 이와시마 하지메(岩島肇)에 따르면 이미 1919년과 1929년 두 번에 걸쳐 씨제도에 대한 안을 총독부 내에서 검토하고 있었다고 한다. 일제는 병합 이후 조선의 가족제도를 일본화하기 위해 지속적으로 연구하고 그 실현을 도모하였으며, 그 결정체가 바로 창씨개명이라고 할 수 있었다. 또한 창씨 과정에서 조선인의 호적을 존치한 것은 식민지 지배상의 이유로 일본식 씨를 사용하도록 하였으니 조선인 성과 호적은 그대로 두어 일본인과 조선인을 구별하고 차별할 수 있는 근거를 남겨두었다. 즉 창씨개명은 표면적으로는 조선인과 일본인은 하나라는 내선일체를 표방하면서도 그 본질은 조선인에 대한 차별이 투영된 정책이었다.

나오며

　일본제국주의는 조선을 식민지로 담을 수 있는 국격을 갖춘 국가가 결코 아니었다. 자신과 대등한 혹은 더 심오한 학문적, 문화적 소양을 갖춘 조선을 식민지로 하는 것은 그들의 의도에 반해 용이하지 않았다. 그 결과 일제는 조선을 지배하기 위해 교묘하고 혹독한 동화정책을 구사하였다.

　병합 초기의 동화정책은 주로 학교라는 공간을 무대로 이루어졌다. 중일전쟁 이후는 국민정신총동원운동, 국민총력운동의 일환으로 학교뿐만 아니라 직장, 단체, 가정을 통해 조선인 한 사람, 한 사람의 황민화를 구현하기 위해 추진되었다. 태평양전쟁 이후 패색이 짙어지면서 일제는 기존의 가면을 벗어던지고 노골적으로 식민지 조선의 인력과 물자를 수탈하고 동원하기 위해 조선인의 정체성을 말살하며 동시에 황국신민화에 더욱 박차를 가하였다.

　미나미 총독 부임 이후 식민지 조선을 통제하고 지배하기 위한 유효한 수단으로 내선일체가 제창되고 여러 황민화 정책이 입안·시행되었다. 중일전쟁이 시작되고 태평양전쟁으로 이어지면서, 조선은 침략 전쟁 수행을 위한 자원과 식량 같은 경제적 분야뿐만 아니라 인적자원의 보충지로도 중요하게 부각되었다. 그것은 조선인을 보다 유용한 도구로 활용하기 위한 황민화 정책의 강화로 이어졌고, 이는 조선인을 극한의 차별과 고통으로 몰아갔다.

기존의 연구에서는 황민화 정책을 주로 징병제와 연계하여 징병제 실시를 위한 기반 조성과 체제 구축을 위한 것으로 이해된 측면이 강하다. 이러한 측면은 침략 전쟁을 확대한 일제의 물적, 인적 자원 고갈에 따른 필연적 선택지임에는 분명하다. 다만 황민화 정책을 징병제 실시를 위해 추진한 정책으로 단순화하는 것은 정책의 한 측면만을 보는 것이다. 지금까지 살펴본 바와 같이 황민화 정책은 특정 시책을 위한 것이라기보다 식민지 지배 전반에 걸친 포괄적인 정책이었다.

일제는 조선에 앞서 류큐왕국(지금의 오키나와) 홋카이도의 아이누 민족, 타이완 등지를 자국에 복속, 식민지화하면서 동화정책을 전개하였고, 조선에도 병합 이후 일관되게 동화정책을 추진하였다. 내선일체는 이러한 동화정책의 가장 최종적인 단계로 그 시행에는 극단적이며 폭압적으로 추진되고 전개되었다. 내선일체 구현을 위한 황민화 정책은 일제의 조선 지배의 일관된 방향이었다.

메이지유신에 의해 정권을 장악한 천황과 그 측근들은 천황을 현인신으로 조작하고, 역사를 왜곡하며 그들의 지배를 정당화하고자 일본 민중에게 천황제 이데올로기를 주입해 천황의 신민으로 삼았다. 그리고 그들의 충성과 희생을 강요하며 제국주의 침략과 전쟁 수행에 진력하였다. 다만 여기서 우리가 유의해야 할 점은 동일한 국체를 신봉하고 이에 충성을 다하도록 하는 정책이 일본과 식민지 조선에 둘 다 시행되었다고 하더라도, 이는 결코 동일한 수준의 것이 아니었다. 일제의 조선인에 대한 황민화 정책에는 조선인에 대한 멸시와 차별이 존재하였다. 즉 황민화 정책의 본질은 조선인의 독립에 대한 열망과 의지를 그 근저로부터 말살하고, 일제의 2등 신민으로 탈바꿈시켜 그들의 존립과 확장에 필요한 부품으로 활용하고자 한 정책이었다.

참고문헌

- 강명숙, 이명실, 이윤미, 조문숙, 박영미 편역, 2021, 『교육정책(1)-교육칙어와 조선교육령』, 동북아역사재단.
- 국사편찬위원회편, 2003, 『한국사 50 전시체제와 민족운동』, 국사편찬위원회.
- 김봉식, 박수현, 2022, 『전시 동원체제와 전쟁협력』, 동북아역사재단.
- 김성준, 2010, 『일제강점기 조선어 교육과 조선어 말살정책』, 경인문화사.
- 동북아역사재단편, 2019, 『일제침탈 30장면』, 동북아역사재단.
- 미야다 세쓰코, 이영랑역 1997, 『조선민중과「황민화」정책』, 일조각.
- 미즈노 나오키, 정근식, 고마고메 다케시, 마쓰다 요시로, 정선태역, 2002, 『생활 속의 식민지주의』, 도서출판 산처럼.
- 미즈노 나오키, 정선태역, 2008, 『창씨개명』, 도서출판 산처럼.
- 민족문제연구소편, 2000, 『일제하전시체제기정책사료총서33』, 한국학술정보.
- 박경식, 1986, 『일본제국주의의 조선지배』, 청아출판사.
- 박찬승, 2014, 『한국독립운동사』, 역사비평사.
- 박찬승, 김민석, 최은진, 양지혜, 2018, 『국역 조선총독부30년사(하)』, 민속원.
- 신용하, 2020, 『일제의 한국민족말살·한국신민화 정책의 진실』, 문학과지성사.
- 윤선자, 2001, 『일제의 종교정책과 천주교회』, 경인문화사.
- 정운현 편역, 1978, 『창씨개명』, 학민글밭.
- 최유리, 1997, 『일제 말기 식민지 지배정책연구』, 국학자료원.
- 최원규 엮음, 1988, 『일제말기 파시즘과 한국사회』, 청아출판사.
- 친일반민족행위진상규명위원회편, 2009, 『친일반민족행위관계사료집9』.
- 피정만, 2010, 『한국 교육사이해』, 도서출판하우.
- 히우라 사토코, 이언숙 옮김, 2016, 『신사·학교·식민지: 지배를 위한 종교-교육』, 고려대학교 출판문화원.
- 御手洗辰雄, 1957, 『南次郎』, 南次郎傳記刊行會.
- 朝鮮総督府, 1940.3, 『朝鮮に於ける国民精神総動員』.
- 朝鮮総督府, 1941.3, 『半島の国民総力運動』.

찾아보기

ㄱ

개명 71, 72, 75, 79
국민정신총동원운동 26~32, 39, 51, 80, 83
국민총력조선연맹 32~35, 40
국민학교 52, 53, 61
국체명징 11, 48, 49
궁성 요배 39, 40

ㄴ

내선일체 6, 7, 10~19, 23, 27~30, 32, 34, 35, 39, 47, 49, 51, 52, 56, 61, 65, 70, 81~84

ㄷ

대정익찬회 32
대조봉대일 40
도지사 회의 11~13

ㅁ

매일신보 62
미나미 지로 6, 11

ㅂ

법정 창씨 74, 75

부여신궁 38, 39

ㅅ

설정 창씨 74
손기정 12, 61
시오바라 도키자부로 12
신사(神祠)에 관한 건 37
신사참배 30, 32, 37~39, 41, 42

ㅇ

애국일 39, 40
우가키 가즈시게 11
인고 단련 11, 23, 24, 48, 49
일선동조론 10
일시동인 11, 18, 28, 38, 46

ㅈ

제1차 조선교육령 45
제2차 조선교육령 46
제3차 조선교육령 47~49, 60
제4차 조선교육령 53, 59, 61
제령 제19호 71, 73, 74
제령 제20호 71, 74
조선민사령 70, 71
조선신궁 25, 37, 38

조선어학회 63, 64
조선중앙정보위원회 22, 26, 27, 30, 39
중일전쟁 11, 12, 14, 23, 27, 31, 38, 61, 62, 83

ㅊ
창씨 69, 71~77, 79~82

ㅌ
태평양전쟁 11, 14, 40, 53, 54, 56, 61, 83

ㅎ
현영섭 16, 17, 61
호적 70, 71, 73, 74, 79, 82
황국신민서사 23~26, 3, 40, 42
황민화 정책 6, 7, 29, 32, 35, 47, 50, 51, 53, 56, 62, 83~85
흥아봉공일 40

일제침탈사 바로알기 28
내선일체 표방과 황민화 정책

초판 1쇄 발행 2024년 11월 5일

지은이 김봉식
펴낸이 박지향
펴낸곳 동북아역사재단

등 록 제312-2004-050호(2004년 10월 18일)
주 소 서울시 서대문구 통일로 81 NH농협생명빌딩
전 화 02-2012-6065
홈페이지 www.nahf.or.kr
제작·인쇄 청아출판사

ISBN 979-11-7161-139-3 04910
        978-89-6187-482-3 (세트)

- 이 책은 저작권법으로 보호를 받는 저작물이므로 어떤 형태나 어떤 방법으로도 무단전재와 무단복제를 금합니다.
- 책값은 뒤표지에 있습니다. 잘못된 책은 바꾸어 드립니다.